L'ARGUMENT COSMOLOGIQUE

RECTIFIÉ ET RÉDIGÉ

SOUS FORME DE THÉORÈMES

GRENOBLE
TYPOGRAPHIE ET LITHOGRAPHIE ALLIER FRÈRES
26, cours de Saint-André, 26

1904

L'ARGUMENT COSMOLOGIQUE

RECTIFIÉ ET RÉDIGÉ

SOUS FORME DE THÉORÈMES

L'ARGUMENT COSMOLOGIQUE

RECTIFIÉ ET RÉDIGÉ

SOUS FORME DE THÉORÈMES

GRENOBLE
TYPOGRAPHIE ET LITHOGRAPHIE ALLIER FRÈRES
26, cours de Saint-André, 26

1904

INTRODUCTION

Le *plan* suivi dans cet opuscule peut se résumer de la manière suivante :

a) Le monde est intelligible, c'est-à-dire conforme aux principes de la raison. Foi invincible de l'esprit, cette affirmation est de plus en plus vérifiée par la science, par les *prévisions* et les *concordances* obtenues par cette science et *justifiées par l'expérience*. Nier la science, dont ces principes sont l'ossature même, personne n'y pense : c'est donc que les principes de la raison sont au-dessus de tout soupçon sceptique sérieux.

b) Or ces principes sont faux (on l'établit par un raisonnement mathématique) si Dieu n'est pas.

c) Donc l'existence de Dieu est du même ordre de certitude que la valeur de la pensée humaine et de la science.

Dans le *livre I* nous établissons la proposition *a)*. Après avoir examiné les principes rationnels, leurs énoncés, le rôle d'ossature absolument indispensable qu'ils jouent dans la pensée en général, dans les sciences et dans les sciences expérimentales en particulier, nous réfutons à leur égard les objections du relativisme subjectif (Kant et ses successeurs) et celles du scepticisme ou anarchisme absolu, sur la valeur objective de la connaissance. Un mot sur l'insuffisance des théories de l'associationnisme et de l'évolutionnisme et une courte note terminent ce premier livre.

La proposition *a)* établie, les conséquences *b)* et *c)* s'en déduisent par un raisonnement assez court, que nous avons intentionnellement présenté sous forme mathématique, à l'aide de théorèmes. C'est la forme qui prête le moins aux cercles vicieux et qui offre le plus de clarté pour le lecteur. Ces théorèmes font l'objet du *livre II*. L'argument, au fond, n'est pas nouveau, c'est *l'argument cosmologique proprement dit*; mais nous pensons l'avoir débarrassé de certaines affirmations (qu'on admet comme évidentes dans la plupart des traités de philosophie) et qui ont besoin de démonstrations.

Ce livre se termine par des *vérifications* de la conclusion obtenue à l'aide des théorèmes, et par l'énoncé très abrégé des objections auxquelles prêtent le flanc certaines preuves, dites classiques, de l'existence de Dieu.

LIVRE I

Le principe de raison suffisante.

CHAPITRE I

DÉFINITIONS

Définissons d'abord quelques termes importants dont nous aurons souvent à faire usage dans la suite.

I. — Causes : efficiente, finale, occasionnelle.

On distingue plusieurs sortes de causes. En laissant de côté la matière et la forme (le marbre dont est faite une statue et la forme de Vénus ou d'Apollon donnée à ce marbre) classées par Aristote parmi les causes ou principes de l'être, on distingue :

1° *La cause efficiente;* 2° *la cause finale;* 3° *la cause occasionnelle*. — La cause efficiente est celle qui produit l'effet (le sculpteur qui fait la statue); la cause finale est le but qui détermine la cause efficiente à l'action (la gloire ou le profit que cherche le sculpteur); la cause occasionnelle est la circonstance qui, rendant possible la réalisation de la fin, invite, pour ainsi dire, la cause efficiente à l'action (par exemple un concours public). Autre exemple : j'approche une allumette enflammée du bois préparé dans la cheminée, je me chauffe; cause efficiente : affinité du bois pour l'oxygène; cause finale, obtenir de la chaleur; cause occasionnelle, le contact de l'allumette avec les brindilles.

Le type véritable de la cause efficiente est tiré de la conscience du moi. Le moi se connaît et s'observe dans l'*acte volontaire* et c'est là qu'il se saisit cause efficiente, si surtout la volition est suivie de l'effet voulu. Par exemple, le moi veut émettre le commandement militaire : « En avant! » La connexion entre cette volonté et ce cri apparaît au moi comme une connexion nécessaire et il s'y mêle en même temps l'idée d'un pouvoir, d'une énergie. Pour le moment nous en déduisons la définition suivante : « La cause efficiente est la condition :

1° nécessaire ; 2° suffisante ; 3° déterminante, du fait considéré. » Mais cette formule ne peut renfermer tout ce qu'il y a dans l'observation citée. Aussi, quand cette formule nous paraîtra insuffisante, trop abrégée (et ce sera le cas le plus fréquent), nous nous reporterons à l'observation de conscience d'où nous l'avons tirée.

La cause efficiente définie par la formule précédente est celle des sciences physiques et naturelles. Exemple : la chaleur est la cause de la fusion de ce soufre, de ce plomb, etc. Si nous désignons par C la cause telle que moi (cause entière, volonté), par C' la cause de la physique, C est évidemment plus complet que C'. C' pourrait s'appeler plutôt la condition du phénomène. C' n'a qu'une partie de ce qui est dans C.

En réalité la conscience que l'âme a de son activité est l'origine véritable et unique de l'idée de cause efficiente. Par une tendance naturelle, une généralisation toute naïve, l'esprit (de l'enfant, du sauvage) rattache tous les phénomènes qu'il aperçoit à des volontés analogues à la sienne. L'enfant, le sauvage peuplent le monde de bêtes invisibles, de génies, d'esprits, etc., qui font mouvoir et s'agiter les choses autour de lui. On a constaté que, pour certaines tribus, la maladie est due à un esprit, à un monstre invisible qui se bat avec le malade et qu'on peut apaiser ou écarter par des pratiques bizarres, etc. ; on a vu là l'origine du polythéisme. Cependant, à mesure qu'il se rend mieux compte, par des observations répétées, du monde extérieur, l'esprit arrive peu à peu à modifier cette conception enfantine. Il saisit que, parmi ces êtres, le plus grand nombre sont privés d'initiative, qu'ils ne font que transmettre, sans y mêler rien de fantaisiste, la part de mouvement qu'ils ont reçue antérieurement. Ainsi, en lançant une pierre, l'enfant se rend facilement compte de son inertie, c'est-à-dire qu'elle ne fait que transmettre, suivant des lois constantes, le mouvement imprimé. De même tous les instruments, machines, solides, liquides et fluides qui tombent sous sa main. Ou du moins il le constate vaguement et ce sentiment est corroboré par l'exemple et les explications des ancêtres et des grands camarades. Ces lois fixes constituent les lois de la matière inerte ou lois de la mécanique. L'humanité, de générations en générations, accumule ses observations et arrive ainsi à une représentation assez bien déterminée des causes agissant autour d'elle dans le monde extérieur.

Dans le mot *cause finale*, le mot cause n'a pas le sens de force, mais celui de raison. L'état futur entrevu et construit par l'imagination met en mouvement l'activité, en excitant les désirs, les appétits de la sensibilité ; mais la seule cause efficiente est cette activité. Ainsi dans l'exemple de la statue, la cause finale est la gloire ou le profit que le sculpteur pense en tirer. Ce but excite en lui la passion de la gloire et ce mobile est l'une des raisons qui déterminent sa volonté à entreprendre la statue ; mais la vraie cause efficiente est l'acquiescement que sa volonté libre donne à cette sollicitation de la passion. En face de ces sollicitations il y a les sollicitations en sens contraire de la paresse, de l'amour du repos, de la crainte d'un échec, de l'embarras de dépenses peut-être inutiles, etc. Ces *raisons* pour ou contre rentrent dans la catégorie suivante.

II. — Raisons. Définition de ce mot.

Par *raisons* on entend tous les motifs et mobiles qui peuvent intervenir dans la délibération d'un acte volontaire et, en plus, les différentes causes déjà définies précédemment.

Ainsi dans l'exemple de la statue, les raisons de sa confection sont : l'occasion du concours public (cause occasionnelle) mettant en jeu chez l'artiste l'espoir d'un glorieux succès (cause finale), espoir qui émeut en lui l'amour de la gloire (mobile), mais aussi la crainte de la peine (mobile), la crainte de dépenses inutiles (motif), d'un échec (motif), etc. ; la raison principale est la volonté déclarée de l'artiste d'entreprendre ce projet (cause efficiente).

On voit que l'ensemble de toutes ces raisons embrasse en réalité le monde entier. Car dans ses motifs, dans ses espoirs, l'artiste sculpteur a la confiance en son expérience, expérience provenant en partie, par ses maîtres ou leurs travaux, de toutes les générations humaines qui l'ont précédé dans le temps ; et dans cette expérience entre aussi de ce qu'il a vu dans tout l'espace, non seulement dans les musées de France, d'Italie, etc., mais même de ses inspirations personnelles à la vue de la nature, depuis son chien jusqu'aux lueurs même des étoiles les plus éloignées de nous. Ainsi, dans la *raison suffisante* de son action, il y a l'intervention non seulement de lui, mais de tout l'univers déjà perçu par lui antérieurement à cette volition. Et cette remarque est encore plus juste, si l'on tient compte de l'exécution matérielle : ce marbre formé par les dépôts sédimentaires des mers préhistoriques, le choix du bloc, son transport, une foule d'occasions.

où sont intervenus des intermédiaires divers, fonctions eux-mêmes de tout un monde de raisons. Combien de séries de causes et de raisons en nombre prodigieux aboutissent à la taille de tel morceau de marbre plutôt que d'un autre. Si l'une de ces raisons n'avait pas existé auparavant, l'œuvre n'aurait pas été la même absolument ou même n'aurait pas été du tout. Inutile d'insister ; ce qui précède suffit à montrer que : 1° les raisons de la formation de cette statue ; 2° les raisons pour lesquelles elle est telle plutôt qu'autrement, forment un ensemble infini qui se rattache à un nombre infini d'êtres antérieurs à la confection de cette statue. Il en est ainsi pour tout acte : l'ensemble de ses raisons embrasse le monde antérieur entier. Dans la pratique, on ne prend que les plus importantes de ces raisons, les premiers termes de cette série décroissante, les autres termes donnant un total pratiquement impossible à estimer et en général moindre que les premiers termes ; c'est pourquoi leur nombre semble restreint et parfois même semble se réduire à l'unité. On considère ainsi des suites linéaires et limitées de raisons, là où il faudrait des suites illimitées et extrêmement multiples.

Outre les causes (efficiente, finale, occasionnelle) les raisons sont d'ordre logique, moral ou sensible. — Logique quand on se décide logiquement : ainsi les prémisses posées, la conséquence s'ensuit. Le théorème est alors la raison de son corollaire ; la définition du triangle est la raison de ses propriétés. La raison logique peut être aussi une loi physique : je prends des lunettes parce que les lois de l'optique font que je verrai mieux avec ces lunettes que sans elles. — La raison morale est l'obéissance à la loi morale. « Pourquoi a-t-il agi ainsi ? » demande l'enfant : « Parce que cela est bien. » — Ou des raisons sensibles. « Pourquoi a-t-il fait cela ? » « Parce que cela lui faisait plaisir. »

Le mot « pourquoi ? », qui revient sans cesse à la bouche des enfants, signifie : « Pour quelle raison ? » Il contient en germe toute la science et toute la métaphysique.

III. — Comprendre.

Comprendre une chose, c'est l'assimiler à une chose déjà connue, déjà familière. Cette assimilation la rend intelligible à nos yeux, l'explique, donne la clé de sa possibilité et de sa réalité.

Or ce que nous connaissons *seulement d'abord* ce sont les faits de conscience. C'est donc à eux que l'on doit d'abord tout assimiler. C'est donc à l'acte volontaire et à ses effets que nous réduisons les causes et en général les changements que nous présente la nature. Les sensations irréductibles ou primitives étant des faits premiers de la conscience n'ont pas à être comprises, à être assimilées : elles sont des termes premiers auxquels on en assimilera d'autres.

Ainsi un changement sera assimilé à l'effet d'une volition. Or les raisons de cette volition sont ce qui nous la rend personnelle et intelligible. Donc plus le fait, le changement X est assimilable à la volition A déjà connue et plus A a des raisons connues de nous, plus X est intelligible. Les raisons ainsi trouvées seront dites les *explications rationnelles* ou les *raisons suffisantes d'être* de X. Plus généralement nous concevons une intelligence supérieure à la nôtre, quoique douée de la même raison, et nous supposons qu'elle procède de la même manière. D'après cela l'intelligibilité d'une chose est proportionnelle aux raisons qui militent en faveur de sa possibilité et de sa réalité déterminée de telle manière plutôt que de telle autre.

Au contraire, une chose dont on ne voit pas les raisons d'être semble un paradoxe ; et si l'on trouvait plus de raisons pour qu'elle soit autrement plutôt qu'ainsi, on s'avouerait dans quelque erreur incompréhensible, plutôt que de crier au scandale. Cette conduite provient de cet instinct : « Tout est intelligible. » C'est cette instinctive affirmation que nous allons trouver sous le nom de « principe de l'universelle intelligibilité » ou « principe de raison suffisante ».

Cette assimilation de X à A connu se rencontre dans toute la science. *Au début* A est un *acte du moi*; puis à mesure qu'on connaît ainsi A, à A on assimile et rattache B ; B ainsi connu on y assimile et rattache C ; et ainsi de suite. Ainsi au début des recherches mécaniques, on se représente l'effet que l'on fait soi-même ou un être très petit fait à notre image, pour résister par exemple à la force vive d'un choc, à une lutte, etc. ; on attribue ensuite une sorte d'attitude semblable aux autres lutteurs, à l'objet qui nous frappe, etc. Dans l'étude de la pesanteur, de l'attraction, au début on assimile leur action à une traction à l'aide d'un fil, traction qui est familière. Le phénomène B ainsi compris en le ramenant à A psychologique, à B on rattache C et ainsi de suite. A partir de là l'intervention du moi est de plus en plus rare et c'est pourquoi il peut sembler à certaines personnes que cette intervention du moi est inutile et n'a jamais lieu. En physique surtout, où la nouveauté des découvertes et la complexité des faits exigent plus qu'ailleurs le recours aux méthodes naturelles de l'esprit, cette intervention du moi et de ses impressions se renouvelle souvent. — Même en géométrie, pour orienter un trièdre, ne fait-on pas intervenir un observateur couché sur telle droite, les pieds en α, la tête en β, etc., et sa droite et sa gauche décident du sens défini (procédé analogue à celui de l'orientation d'un aimant par un courant).

CHAPITRE II

PRINCIPES

I. — Les deux principes fondamentaux.

Avec Leibniz, on peut ramener à deux les principes fondamentaux de tout esprit humain : le principe d'identité et le principe de raison suffisante.

1° *Principe d'identité et de contradiction.* — « *A est A et n'est pas B*[1]. »

2° *Principe de raison suffisante.* — Leibniz l'énonce ainsi : « *Rien n'est, rien n'arrive sans qu'il n'y ait une raison pourquoi cela est ainsi plutôt qu'autrement.* »

Car A, acte volontaire, est ainsi : on se décide par suite d'une raison prépondérante ou parce que l'on veut que la décision soit ainsi, la raison est alors la volonté. C'est donc une sorte d'induction spontanée que tout dans le monde a été fait sur ce modèle ou se fait sur ce modèle. Cette présomption est confirmée par les diverses expériences, ainsi que nous le verrons quand nous parlerons soit de l'origine de ces principes, soit de leur emploi dans les sciences et la pensée en général.

Remarquons que le principe de raison suffisante s'appelle aussi « principe de l'universelle intelligibilité ». Car ce principe revient à affirmer que rien n'est qui ne puisse se ramener à A (en définitive), c'est-à-dire qui ne puisse, qui ne doive être justifié, comme A, aux yeux de la raison, et, en quelque sorte, accepté, autorisé par la raison. C'est la rationnalité qui est pour nous la mesure du réel et du possible. C'est la raison qui donne aux choses le laissez-passer qui les rend possibles. Comprendre une chose, nous l'avons vu, c'est l'assimiler à un acte raisonnable, A, du moi.

Déduisons, dans ce chapitre, de ces deux principes, un certain nombre de corollaires, corollaires qui prendront aussi eux-mêmes le nom de principes. Nous verrons au chapitre III que ces principes

---

[1] En même temps et sous le même rapport.

sont l'ossature même de la science et de la pensée. Nier la valeur de la science, personne aujourd'hui n'y pense; cet acquiescement, cette certitude doit donc aussi envelopper les principes que nous énonçons et sur lesquels est fondée la science entière.

II. — Principe de causalité.

Ce principe peut s'énoncer ainsi : « *Pas de fait sans cause* », c'est-à-dire : « *Rien ne commence à paraître, à exister, qui n'ait été précédé et déterminé par une cause.* »

Ce n'est qu'une application du principe de raison. En effet, tout phénomène a sa raison d'être, sa raison pour laquelle il est ainsi plutôt qu'autrement, pourquoi il a telle forme bien déterminée et non telle autre. Le début du fait ou phénomène A doit donc avoir la raison de sa détermination parmi l'une des circonstances antérieures à A. Je dis que cette raison ne peut être contemporaine exactement de A ni postérieure à A. Car si B, cette circonstance, commençait juste avec A, ou après lui, on pourrait considérer l'ensemble (A, B) comme un seul phénomène commençant à l'instant où A apparaît, puis se continuant. Ce phénomène (A, B) n'étant précédé de rien (par hypothèse) serait une sortie du néant absolu. Or puisqu'il n'est précédé de rien, il n'y a pas plus de raison pour qu'il paraisse (ou même moins par suite de la continuité et de l'inertie) que pour qu'il ne paraisse pas ; sa production ne serait donc pas conforme au principe d'intelligibilité. On pourrait encore dire, dans le cas où l'on suppose qu'il y a égalité de raisons pour et contre l'apparition de (A, B), que, à cause de cette égalité (A, B) doit à la fois être et n'être pas : ce qui fait, à cause du principe de contradiction, que (A, B) nous est inconnaissable, puisque à la fois il est et il n'est pas. (A, B) nous est donc inconnu, contrairement à l'hypothèse. Il est donc absurde de supposer que rien n'a précédé (A, B).

Nous désignerons, pour abréger, ce théorème sous le nom de « *théorème ex nihilo nihil* ».

Le principe de raison veut donc qu'il y ait une circonstance un peu antérieure à A et qui l'explique. Cet antécédent forcé est condition nécessaire pour la raison. B est donc déjà condition nécessaire de A. Si cette condition nécessaire B n'était pas suffisante, la raison ne serait pas satisfaite, A n'aurait pas été expliqué, sa raison d'être ne serait pas trouvée. L'esprit va donc continuer ses recherches ; il complétera, s'il le faut, B de B', circonstance également antérieure à A et nécessaire, jusqu'à ce que (B, B') soit la condition non seulement suffisante de A, mais déterminante de A. Alors (B, B') sera la condition : 1° nécessaire ; 2° suffisante ; 3° déterminante de A, c'est-à-dire la cause, au sens défini plus haut, de A. — Et puisque A a forcément sa raison d'être, cette recherche de (B, B') doit forcément aboutir, voilà ce qu'affirme le principe de raison suffisante ou d'universelle intelligibilité.

III. — Principe de substance.

On peut à son tour déduire du principe de causalité un corollaire qui prendra le nom de « principe de substance » et que l'on peut énoncer ainsi : « *Tout phénomène qui apparaît et disparaît, tout ce qui n'a qu'une durée limitée, est un changement, c'est-à-dire suppose quelque chose de durable, dont le phénomène est la manière d'être momentanée.* »

Ce quelque chose de durable s'appellera *substance* (*quod substat*, support, substratum, sujet invariable du changement).

Déduisons ce corollaire du théorème précédent (§ II). D'après le principe de causalité, un phénomène B *doit* avoir été précédé d'un autre phénomène au moins, A. Mais si A n'existait plus au moment où commence B, le principe de causalité serait en défaut, car B serait une sortie du néant absolu, comme si A n'avait jamais existé, puisque, par hypothèse, rien absolument de A ne reste plus lorsque B apparaît. La raison d'être, l'explication de la *causalité* se trouve dans la *substantialité*, c'est-à-dire dans la permanence de quelque chose qui subsiste d'un fait A au fait B et qui les lie entre eux. Une contiguïté, allant jusqu'à simuler la continuité véritable, laissant néanmoins, par définition, un intervalle infiniment petit mais non nul, un intervalle réel et vide entre A et B, le principe de causalité est en défaut, B est une sortie *ex nihilo*. Ce serait supprimer toute espèce de causalité que de nier la substance.

IV. — Principes des lois.

Ier principe des lois. — « *Les mêmes causes produisent les mêmes effets.* » — C'est une conséquence logique de l'idée de cause née du principe de raison.

En effet, on a appelé cause l'ensemble des conditions : 1° nécessaires ; 2° suffisantes ; 3° déterminantes de tel phénomène φ. Dire que dans les deux cas les causes sont les mêmes, c'est donc dire que l'ensemble des conditions nécessaires-suffisantes-déterminantes est le même dans les deux cas. Si donc φ' se produisait en second lieu et non pas φ, c'est que cet ensemble ne serait pas suffisant et déterminant pour la production de φ. — A moins que φ et φ' se produisissent à la fois dans le second cas ; mais dans le premier cas φ s'étant produit seul et $\varphi + \varphi'$ dans le second cas, la même contradiction subsisterait encore là. — Donc, dans tous les cas, il y aurait contradiction dans les termes, contrairement au principe d'identité et de contradiction.

Principe réciproque. — « *Les mêmes effets sont produits par les mêmes causes.* » C'est encore là une conséquence logique de l'idée de cause née du principe de raison.

Soit G l'ensemble des conditions nécessaires, suffisantes, déterminantes du phénomène φ; soit G$'$ l'ensemble des conditions nécessaires, suffisantes, déterminantes du phénomène φ'. Je dis que si φ et φ' sont les mêmes, il en est de même de G et de G$'$. En effet G étant la cause de φ, G$'$ n'a pas besoin d'exister pour que φ' soit produit puisque G le produit (puisque φ et φ' c'est la même chose par hypothèse). Donc G$'$ est à la fois nécessaire et non-nécessaire pour l'apparition de φ, ce qui est contradictoire ; à moins que G$'$ et G soient les mêmes.

Il peut sembler, au premier abord, que ce théorème n'est pas confirmé par l'expérience. Mais il faut bien faire attention à ce qu'est la cause au point de vue logique. Ainsi quand on dit qu'un cheval attelé à une voiture est la cause du mouvement de cette voiture, on s'exprime d'une façon approchée et vague ; car il est clair que les oreilles ou la crinière du cheval ne font pas partie réelle de la cause même du mouvement ; de même pour un âne ou un bœuf. De plus le mouvement de la voiture dans les trois cas n'est pas exactement le même, car en admettant même que le mouvement de translation soit le même, en gros, il s'accompagne d'oscillations, tangage, roulis, lacets, accélérations et ralentissements périodiques qui ne sont pas les mêmes dans les trois cas, ni même avec deux chevaux distincts. Des observations aussi grossièrement approchées n'ont aucune valeur contre le théorème : l'identité des effets, l'expression exacte des deux causes, voilà les quatre points par lesquels il faut d'abord commencer la vérification pratique du théorème. Prenons un exemple simple. On démontre en mécanique que l'effet d'une force F sur un corps solide n'est pas changé quand on transporte la force dans sa propre direction (de A en A', par exemple) et *alors seulement*.

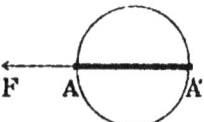

Or à regarder non plus seulement l'effet extérieur, mais l'effet intégral, cette transformation elle-même n'est pas permise. Le segment AA' n'est plus soumis à une traction une fois F transportée en A', mais à une poussée. L'effet intégral est changé. Il n'y a donc que la force AF qui produise sur le solide donné l'effet intégral correspondant.

II° Principe des lois. — On peut généraliser le premier principe des lois et énoncer le principe suivant : « *Les circonstances ou conditions étant toutes identiques, dans les deux cas, par hypothèse, les conséquences ou effets seront identiques dans les deux cas.* »

En effet, il n'y a pas de raison pour qu'il y ait une différence quelconque dans les conséquences, car tout ce qu'on peut dire en raisonnant et discutant les conséquences du premier cas, on pourra également et rigoureusement le répéter (par hypothèse les prémisses sont identiques) dans le second cas. Il y aurait sans cela divorce entre la réalité et la raison, comme si partant de deux triangles égaux superposés, on niait de l'un les propriétés de l'autre.

Remarque. — Les principes précédents présentent dans la pratique une difficulté, c'est la détermination exacte de φ et de G. L'identité absolue des circonstances est à peu près impossible à réaliser rigoureusement. Par exemple, on vérifie que la fusion du plomb pur a lieu à 334° sous telle pression déterminée; on le vérifie à quelque heure du jour, à quelque jour du mois ou de l'année, etc., qu'on fasse l'expérience ; on en conclura que ce phénomène est indépendant du moment où l'on opère, ou du moins s'il y a influence elle est pour le moment imperceptible ; on pourra donc faire abstraction du temps parmi les circonstances dont l'identité est supposée, c'est-à-dire que le temps ne fera pas partie de G. Il y a ainsi une foule d'éliminations pareilles ; l'habitude fait qu'on les considère parfois comme évidentes ; mais rigoureusement, il ne faut faire ces éliminations qu'à bon escient. C ainsi bien déterminé, on pourra énoncer la loi de la fusion du plomb pur.

Un exemple simple où intervient, au contraire, l'influence de la date ou du rang des deux expériences est le suivant : Je vais me promener dans tel chemin ; à une bifurcation je prends le sentier de droite ; le lendemain je vais me promener dans le même chemin ; arrivé à la bifurcation, pour *changer*, je prendrai le sentier de gauche. Parmi les circonstances, tout est semblable, si l'on veut, excepté mon goût qui est modifié par le fait de la répétition ; je n'aurais plus autant de plaisir à prendre le sentier de droite, parce que je viens déjà de le parcourir.

CHAPITRE III

CES PRINCIPES SONT L'OSSATURE MÊME DE LA SCIENCE ET DE LA PENSÉE
LEUR SÛRETÉ ET LEUR CERTITUDE

I. — Universalité psychologique de ces principes.

Les vérités que nous venons d'admettre, si elles sont, comme nous avons dit, des principes vraiment fondamentaux de l'esprit humain, doivent se retrouver dans toutes les intelligences humaines. Cette universalité a été contestée, à tort, en particulier par Locke.

« Le consentement universel, disait Locke, n'existe point au sujet de ces principes ; il y a une grande partie du genre humain à qui ils ne sont pas même connus. »

Leibniz lui répond dans le livre I des « Nouveaux Essais ». C'est qu'il faut distinguer, dit Leibniz, entre l'expression abstraite et formelle de ces principes et la possession réelle de ces principes sous forme confuse et enveloppée. « Pour répondre à ce que vous dites
« contre l'approbation générale qu'on donne aux grands principes
« spéculatifs, j'ajouterai que dans le fond tout le monde les connaît
« et qu'on se sert presque à tous moments du principe de contra-
« diction sans le regarder distinctement. Pas de barbare qui, dans
« une affaire sérieuse, ne soit choqué de la conduite d'un menteur
« qui se contredit. Ainsi on emploie ces maximes sans les envisager
« expressément, à peu près comme on a virtuellement dans l'esprit
« les propositions supprimées dans les enthymèmes. » (Syllogisme abrégé où l'une des prémisses est sous-entendue.) [Erd. 207.]

Aucun être humain n'a jamais pensé que, dans le monde, à chaque instant tout finit et tout recommence : principe de substance. Tout le monde attribue à des causes, imaginaires ou non, mais supposées existantes, réelles, les phénomènes même les plus extraordinaires; par exemple, dans une épidémie, on accuse les miasmes, le vent, la vapeur des volcans, les maléfices, les empoisonnements de fontaines, etc. : autant de causes supposées. C'est cette affirmation qui a poussé à rechercher cette cause jusque dans les infiniment petits, ce qui a amené la découverte des microbes; puis la façon dont ils se propagent et s'infiltrent dans le sang (peste, malaria, etc.). Cela prouve que tous possèdent, sans le savoir, le principe de causalité et par suite les principes des lois qui en sont les corollaires.

« Ces principes généraux, dit Leibniz, entrent donc dans nos « pensées, dont ils font l'âme et la liaison. Ils y sont nécessaires « comme les muscles et les tendons le sont pour marcher, quoiqu'on « n'y pense point. L'esprit s'appuie sur ces principes à tout moment, « mais il ne vient pas si aisément à les démêler et à se les représen-« ter distinctement et séparément, parce que cela demande une « grande attention à ce qu'il fait et la plupart des gens peu accou-« tumés à méditer n'en ont guère... C'est ainsi qu'on possède bien « des choses sans le savoir. » [Erd. 211.].

Comment s'entendre d'ailleurs avec quelqu'un qui se croirait permis de se contredire lui-même ou qui admettrait que les choses peuvent se produire sans raisons ? On l'appellerait menteur ou fou. Il est donc certain que ces principes sont acceptés, au moins tacitement, par toutes les intelligences humaines et que Locke est dans l'erreur.

II. — Rôle de ces principes dans la pensée en général.

Le principe d'identité est évidemment la forme même de la pensée ; sans lui, c'est la contradiction perpétuelle, c'est le chaos intellectuel.

On pourrait encore se représenter les choses sans le principe de raison ; mais alors tout irait au hasard. Le même soufre, chauffé, dans les mêmes conditions, tantôt fondra, tantôt se transformera en un morceau de fer, tantôt deviendra un oiseau ou une grenouille. Actuellement j'expliquerais cela par l'intervention de quelque être supérieur, d'une fée, d'un génie ; mais c'est là une cause, une raison ; dans l'état supposé, l'expérimentateur n'imaginera rien, puisqu'il n'y a pas de raisons pour que le premier effet ait lieu plutôt que les autres. Ce ne sera plus un expérimentateur, ce sera un enfant qui s'amuse, un innocent qui joue à voir ses kaléidoscopiques produits. Au kaléidoscope on ne peut analyser toutes les causes de l'arrangement des petits morceaux de papier, mais on les conçoit ; ici rien.. L'absence du principe de raison conduit donc au scepticisme absolu et à l'indifférence. Si, en rentrant chez lui, cet expérimentateur constate que son trésor a disparu, puisque cela a lieu sans raison, il ne se donnera pas même la peine de le chercher, encore bien moins le voleur, car il n'aura pas même l'idée d'un voleur. Il attendra que le hasard ramène le trésor que le hasard a emporté, et, en attendant, il pensera à autre chose. Chaos ou néant, rêve ou folie, voilà la pensée sans le principe de raison.

« Le paysan ne dit pas « ce qui est, est » mais il sait très-bien que sa maison est sa maison et que son champ est son champ. Il ne dit pas : « Tout phénomène a une cause », mais il sait très-bien que si sa vache a disparu, c'est que quelqu'un l'a prise; » [Janet, p. 799.]

D'ailleurs la vie et ses pratiques, c'est une science au petit pied ; ce que nous allons dire pour la science s'applique donc aussi à la pensée en général.

III. — Rôle de ces principes dans la science.

Les sciences déductives, les mathématiques, dépendent tout entières pour leurs théorèmes du principe d'identité. Il faut laisser à part les données, les axiomes et les postulats qui proviennent d'expériences épurées par l'abstraction et la généralisation. Dans ces sciences tout consiste à ramener de proche en proche, par le raisonnement syllogistique, les vérités à quelques vérités fondamentales appelées axiomes ou définitions.

Les sciences du réel s'appuient sur le principe de raison, par leur origine, par leurs procédés et par leurs résultats.

1° Par leur origine. — La science, tout le monde en convient, consiste à chercher les raisons des choses, pourquoi telle chose est ainsi plutôt qu'autrement, pourquoi tantôt l'eau gèle, pourquoi tantôt elle bout. « Pour faire la science, a dit Claude Bernard, il faut « d'abord croire à la science et croire à la science c'est croire que « rien ne se produit sans raisons déterminées. » Sans le principe de raison suffisante qui chercherait des raisons qu'il croirait pouvoir ne pas exister?

2° Par leurs procédés. — Les règles de l'induction se réduisent, en définitive, à trois :

a) Positâ causâ, ponitur effectus, ou méthode de concordance. La cause A étant, par définition, la condition nécessaire, suffisante, déterminante de l'effet φ, il est clair que A donné c'est la condition suffisante, déterminante de φ.

b) Sublatâ causâ, tollitur effectus, ou méthode de différence.

A étant la condition nécessaire de φ, A enlevé φ ne peut plus se produire.

c) Variante causâ, variatur effectus, ou méthode des variations concomitantes. C'est une application du théorème : les mêmes causes produisent les mêmes effets.

Ce sont là des corollaires de la définition du mot *cause* ; mais la définition du mot cause lui-même a reposé tout entière sur le principe de raison suffisante et l'existence de la cause supposée évidemment dans ces trois méthodes résulte du principe de causalité ou théorème *ex nihilo nihil*, corollaire du principe de raison. Nier le principe de raison ce serait donc non seulement nier ces trois méthodes, mais le but même des recherches des savants les plus illustres, les Claude Bernard, les Pasteur, les Newton, etc., et les ranger au rang des songe-creux et des radoteurs.

3° Par leurs résultats. — La même remarque s'applique à la proclamation des résultats de la science, proclamation qui ne serait qu'une folie burlesque si le principe de raison n'était pas sûr. Prenez le physicien sur le fait : à l'aide des raies du spectroscope, il analyse la lumière des étoiles ; puis il vous dit, sans hésiter : « Dans telle étoile il y a de l'hydrogène, dans telle autre du fer, dans telle comète du carbone, etc. », il croit donc que, dans les étoiles comme sur la terre, les phénomènes ont des lois et il étend à ces mondes lointains les raisons trouvées pour des sources lumineuses terrestres. Il étudie les étoiles multiples et soumet leurs mouvements à la loi de Newton. Le mouvement propre de Sirius se faisant suivant une sinusoïde, il affirme que cet astre doit avoir un compagnon de voyage (Bessel). Peters calcule l'orbite théorique qui satisferait à cette hypothèse ; et effectivement en 1861-62, Alvan Clark peut, avec sa puissante lunette, apercevoir, perdu dans les rayons de Sirius, son compagnon obscur ; la loi newtonienne, en prenant pour unité la masse de notre soleil, donne à ce compagnon la masse 2, à Sirius la masse 4. — Et à quelle distance de nous sont les étoiles dont vous avez analysé la lumière, etc. ? — A une distance telle que, pour en venir, la lumière met peut-être dix mille années et plus. — Et malgré cet éloignement, vous pensez que les phénomènes qui s'y succèdent peuvent être expliqués rationnellement ? — Parfaitement. Et je le crois aussi pour les nébuleuses, les nébuleuses irrésolubles, qui sont à des distances de nous bien plus prodigieuses encore, à des distances pratiquement infinies.

Voilà la foi au milieu de l'action. Mais ne le détournez pas de l'action où son instinct intellectuel le commande. Ne lui dites pas pourquoi vous le questionnez. Car s'il se doute que vous faites de la philosophie et que de ses réponses vous pourrez peut-être induire l'existence d'une raison universelle, ramené au repos par cette idée, dès lors abandonné de l'instinct intellectuel, livré au soupçon né de l'oisiveté, il reniera l'opinion qu'il vient d'émettre et en blâmera la trop grande généralité. Il tombera dans un aimable et badin scepticisme. Car, loin de l'action, il fait de la science positive et professe l'horreur de la métaphysique, du général, de l'absolu !

IV. — Certitude des principes de la raison.

Puisque le principe d'identité et le principe de raison suffisante sont si intimement impliqués par la science et même par la pensée tout entière, leur certitude est de l'ordre même de certitude de la science la plus sérieuse et de la valeur de la pensée humaine tout entière.

Sans doute dans l'observation même la plus superficielle, quand on affirmait, par exemple, que la cause d'une épidémie était due aux maléfices de sorciers, on affirmait que ce fait avait une cause et on avait raison, puisque la science a trouvé effectivement cette cause; mais, par paresse, ou par impossibilité de faire des expériences, on attribuait à cette cause x une valeur numérique fausse. Cela n'infirme évidemment en rien le principe de causalité, au contraire : mais il y est mêlé à quelque chose d'inexact. Il vaut mieux éviter ce mélange. C'est pourquoi je dis : adressons-nous spécialement à la science la plus sérieuse, afin de n'avoir pas cet inconvénient d'une idée fausse associée à une idée juste.

Or la certitude de la science sérieuse, méthodique, consciencieuse, est hors de doute, non seulement à priori par une sorte de foi instinctive de l'esprit, mais encore à posteriori par les *concordances* et *les prévisions* en nombre considérable que la science a à son actif. Il suffira de prendre un exemple de ces concordances ou prévisions dans les ordres principaux des sciences actuelles.

1° Dans les sciences exactes. — On parvient par des voies très diverses à une même proposition. Par exemple les propriétés du cercle des neuf points, celle du centre de gravité, de l'orthocentre et du centre du cercle circonscrit, relatifs à un triangle ABC. On peut les établir soit en remarquant l'homothétie par rapport au centre de gravité du triangle ABC et du triangle qui a pour sommets les milieux des côtés du triangle ABC ; soit par des considérations de quadrilatères inscriptibles ; soit par des calculs de trigonométrie ; soit par des calculs de géométrie analytique : etc. — étant donné un problème de géométrie on en fait la discussion géométrique ; ensuite on fait ce problème par l'algèbre ou la trigonométrie, la discussion du nouveau résultat trouvé donne exactement les conditions trouvées par la géométrie.

Dans les sciences du réel. — 2° Prenons l'exemple du fait de la rotation de la terre. On y arrive soit par l'expérience du pendule de Foucault, soit par l'expérience du gyroscope (expériences précédées d'abord de la théorie mathématique de ces instruments) ; soit par des considérations d'analogie entre la terre et les planètes, la rotation de celles-ci étant observée sur Mars, et induite par analogie de la rotation observée du Soleil (mouvement des taches) ; soit par l'explication des courants marins, des alizés, des cyclones ; soit par la déviation constatée des projectiles vers l'est, etc.

3° Les expériences de Pasteur sur les ferments apportés par l'air. Il prend d'abord un ballon contenant pur un liquide facilement putrescible et l'abandonne ouvert à l'air, la fermentation se produit bientôt. Il prend ensuite un ballon semblable, à col recourbé comme celui de l'expérience précédente, mais il chauffe ce col, l'air ne peut entrer qu'après avoir été ainsi porté à une température suffisante pour y détruire tout germe, tout organisme ; la putréfaction n'a pas lieu. Il prend ensuite un ballon semblable et garnit son col d'un filtre d'amiante ; l'air ne peut pénétrer dans le ballon qu'en laissant dans le filtre tous les éléments solides qu'il tient en suspension, donc en particulier les germes ; la putréfaction n'a pas lieu. Il jette ensuite une portion de ce filtre dans le liquide, tout en laissant un autre filtre à la place du premier ; la putréfaction a lieu. Il prend un ballon à col sinueux, tel que l'air passant lentement dans ce col dépose au fond des sinuosités les corpuscules solides qu'il traîne avec lui. Le liquide n'entre pas en putréfaction. Il fait ensuite tomber, par petits coups, un de ces dépôts du col dans le liquide : le liquide entre en fermentation, etc. D'après une foule d'expériences de ce genre, la science prédit l'antisepsie et en effet c'est là une conquête médicale assurée. De là aussi la microbiologie, l'étude des cultures. De là la guérison prévue de maladies épidémiques, dès qu'on en aura isolé le microbe ; et en effet la guérison de la rage, de la peste, et la sérumthérapie et tant d'autres conquêtes sont venues confirmer ces prévisions de la science.

Inutile de multiplier les exemples. Concluons donc. Si la science méthodique est sûre à ce point, c'est que ses principes aussi le sont. Donc, en particulier, sont sûrs le principe de raison et ses conséquences, puisque la science est intimement liée à ce principe par ses origines, par ses procédés et par ses résultats ; ce principe (indispensable d'ailleurs à l'esprit et à la pensée humaine) est du même ordre de sûreté ou de certitude à posteriori que la science la plus méthodique et la plus sérieuse.

Il ne reste donc plus à ceux qui voudraient nier la certitude des principes de la raison qu'un moyen : c'est de nier la valeur de la raison tout entière, y compris la science, ses résultats, ses prévisions ; mais cette négation tarit la pensée elle-même ; c'est la faillite du bon sens, l'anéantissement dans le scepticisme absolu. Non, répondent les partisans de Kant, il y a un terme moyen, qui est le *criticisme* ou *relativisme subjectif* : le principe de raison est comme le principe d'identité une forme de l'esprit, que l'esprit impose aux choses, sans que les choses y obéissent réellement ; il y a en réalité un abîme entre le monde des noumènes et sa représentation dans notre esprit. Cette opinion n'est-elle pas une contradiction réalisée, tient-elle debout ou ne revient-elle pas au scepticisme absolu ? C'est ce que nous allons démontrer dans le chapitre suivant.

CHAPITRE IV

RELATIVISME SUBJECTIF — SA RÉFUTATION

I. — Exposé du système.

D'après Kant, l'objet se modèle sur la pensée comme une matière fluide dans un moule. Toute connaissance se compose, suivant lui, de deux éléments : la *matière* et la *forme* ; la *matière* est constituée par les *phénomènes*, donnés par l'expérience et objets de nos sensations, comme le son, la résistance, la lumière, etc. ; elle relève de la *sensibilité* (faculté des intuitions sensibles). La *forme* est au contraire apportée par l'esprit ; elle résulte de l'application des *lois de la pensée* ou de l'esprit aux phénomènes. Ces lois de notre intelligence, résultat de la spontanéité de l'esprit et constituant ce que Kant appelle *l'entendement*, sont ce qu'on appelle communément les lois du monde réel : espace, temps, substance, cause, absolu, etc... Kant a insisté, plus que tout autre, sur la différence radicale, sur l'hétérogénéité absolue, d'après lui, qui sépare la sensibilité de l'entendement. Chacun des concepts de l'entendement en constitue ce qu'on appelle encore une *catégorie*. Chacune de ces catégories est innée en nous, comme autant de formes préexistantes où va se couler et se mouler la matière concrète et sans forme provenant de l'expérience. Une fois ainsi moulée la matière prend le nom d'*objets*.

« Si l'on fait abstraction des lois de l'esprit, les *phénomènes*, qui
« sont l'objet de la sensation, ne forment qu'une matière confuse
« et indéterminée, un *chaos*. Ces phénomènes se coordonnent, se
« groupent et se classent en prenant la forme de notre esprit. D'abord
« ils entrent dans la forme de l'espace et du temps et par là se
« coordonnent en *séries*. Puis ils entrent dans le monde de l'enten-
« dement et s'enchaînent ou se lient sous des *causes* et des *substances*.
« Enfin les séries forment des touts, dont la raison exige l'achè-
« vement, ou plutôt qu'elle achève elle-même par l'idée *d'absolu*. —
« L'union de ces formes ou de ces idées avec les phénomènes cons-
« titue la *vérité*, laquelle est nécessaire et universelle au point de vue
« de l'esprit humain, mais non au delà. Tout ce qui dépasse les

« phénomènes et les lois de l'esprit est inaccessible. C'est ce que
« Kant appelle les noumènes, ou choses en soi. Kant ne conteste
« pas l'existence de ces noumènes, de ces choses en soi ; mais il
« prétend seulement que nous ne pouvons en rien savoir, que c'est le
« champ de l'inconnaissable, qu'il faut nous limiter au domaine de
« l'expérience, telle qu'elle est constituée par les lois de l'entende-
« ment. » [*Traité de philosophie*, de P. Janet, p. 810-811.]

Ainsi les principes de l'esprit, de la raison, auraient, d'après cette doctrine de Kant, une valeur absolue dans l'esprit, une valeur nulle en dehors de l'esprit, dans le reste de l'Univers. C'est le *relativisme subjectif*. Il importe donc de s'assurer si cette doctrine est soutenable, car elle jette un doute terrible sur l'universalité des principes de la raison. — Avant de commencer la réfutation du relativisme subjectif, remarquons qu'il y a toutefois dans cette doctrine une petite part de vérité ; c'est ce qui est relatif à la connaissance sensible. La connaissance purement sensible, ou empirique, des choses est sujette à caution. Nos sens ne perçoivent pas les choses, mais les impressions faites sur eux par les choses. De ce qu'un bâton plongé dans l'eau transparente nous paraît cassé, de ce que son image rétinienne est cassée il ne suit pas que ce bâton soit réellement courbé par l'eau. Avec d'autres sens, les choses se manifesteraient à nous d'une autre manière probablement : mais l'interprétation de ces sensations par la raison conduirait sans doute aux mêmes conclusions scientifiques sur les substances des choses et leurs combinaisons. *En tous cas les sensations sont des signes et non des images des réalités :* voilà le fait du relativisme d'accord avec le bon sens. Examinons maintenant le reste de la théorie en vue de le réfuter.

II. — Les catégories de Kant.

D'après Kant, la matière de nos idées, quand elle se présente à l'entendement, est sans forme à tous les points de vue autres que ceux de l'espace et du temps : ainsi elle n'a ni unité, ni pluralité, ni totalité, ni diversité, ni causalité, ni substance, etc., et toutes ces formes lui sont données par l'application des catégories de l'entendement.

Il est impossible de se faire une idée quelconque de ces *formes* pures imaginées par Kant, pas plus que de cette *matière* à idées encore indéterminée et sans forme. Une matière sans forme n'est rien ; une forme qui n'est la forme encore de rien n'est rien. Il semble bien que les deux éléments, que Kant admet dans sa théorie de la connaissance, ne sont que deux *abstractions réalisées*. Kant a sans doute été porté à ces abstractions par l'exemple, encore récent à son époque, des abstractions scolastiques. N'a-t-on pas dit que Kant était le dernier des scolastiques ? Ses catégories ne sont pas moins indéfinissables et pas moins êtres d'abstraction que les *formes substantielles* du moyen âge, lesquelles étaient unies à une matière uniforme et indéterminée pour constituer les différents corps, le bois, l'eau, le feu, etc. Qu'est-ce que l'unité envisagée indépendamment de tout objet un, la causalité envisagée indépendamment de phénomènes quelconques en relation ? Ce ne sont pas des choses réelles, mais des *abstractions* tirées de l'expérience, après coup. Les catégories existent-elles à titre de *pensées conscientes* ? Mais comment penser l'unité en soi sans penser à rien qui soit un ? Ces catégories n'existent pas à titre de *loi* ; car une loi n'est rien indépendamment des faits dont elle exprime la manière d'être constante ou de la pensée consciente de celui qui dicte ou énonce la loi. Or nous venons de voir que les catégories n'existent pas à titre de pensées conscientes dans notre esprit ; elles ne sont donc rien indépendamment des faits auxquels elles répondent. L'existence à part des phénomènes et de ces catégories est donc impossible à comprendre.

Ne pouvant exprimer leur théorie d'une manière bien compréhensible, certains partisans de Kant ont eu recours à une comparaison. Ils comparent la matière de nos idées à un fluide, à l'eau par exemple d'un immense réservoir ; pour entrer dans notre esprit, cette eau doit d'abord se sérier dans une conduite où elle prend la forme d'espace et de temps ; cette conduite se termine par des ouvertures de formes différentes (les unes rondes, les autres ovales, d'autres carrées, pentagonales, triangulaires, losanges, etc.), et c'est par ces ouvertures (représentant les catégories) qu'elle pénètre dans l'esprit sous forme d'objets. On pourrait remplacer l'eau par de la lumière blanche, les ouvertures par des verres blanc, bleu, jaune, vert, rouge, etc... Mais ou cette distribution de l'eau ou de la lumière est constante, toujours : le monde phénoménal serait alors sans changement, ce qui est contraire à l'expérience ; ou bien cette distribution varie avec le temps. On peut se demander quel est le fontainier qui change ainsi cette distribution de l'eau, quel est l'opticien qui change ainsi la distribution de la lumière. Kant semble croire que ce sont les noumènes eux-mêmes qui sont causes de ces changements. Il dit en effet : « Comment pourrait-il y avoir apparition (Erscheinung) sans que quelque chose apparaisse (Etwas erscheine) (critique de la raison pure). Mais Jacobi lui fait justement à ce propos l'objection que, considérer les phénomènes comme émanant des noumènes c'est précisément appliquer aux choses en soi le concept de causalité ! C'est revenir à l'explication ordinaire des choses ! Aussi les successeurs de Kant imaginent une autre réponse. Pour Fichte, le fontainier mystérieux est un moi impersonnel. Pour Schelling, c'est l'absolu-indifférent, pour Hegel c'est l'absolu-idée. Enfin ne pourrait-on pas supposer aussi que c'est le moi conscient agissant arbitrairement ?

On voit combien vague et mal délimitée est cette conception du relativisme subjectif. Et c'est ce qui fait sa force : quoi de plus difficile que de réfuter une théorie à limites indécises ? Pour nous tirer d'affaire, généralisons le débat, afin d'englober plus sûrement dans la réfutation cette théorie mal délimitée. Ce qu'il y a de probable dans la théorie criticiste c'est que le monde phénoménal peut être un chaos. Partons seulement de cette hypothèse. Elle se subdivisera en plusieurs :

Hypothèse (A). — Le monde phénoménal est un chaos, à déterminer.

Hypothèse (B). — Le monde phénoménal est un ensemble déjà déterminé, c'est-à-dire qu'il a déjà un ordre et des liaisons avant toute opération de mon entendement. — Cette hypothèse (B) se divise en deux sous-hypothèses ;

Sous-hypothèse B'. — Cet ordre n'est pas celui de l'esprit ou entendement.

Sous-hypothèse B". — Cet ordre est celui de l'esprit ou entendement.

Nous nous proposons de réfuter (A) et (B'). Restera seulement (B"). Pour cela nous établirons les quelques théorèmes suivants :

III. — Théorèmes.

Théorème I. — « *Le monde phénoménal est connu tel qu'il est.* » — Je ne connais l'objet extérieur qu'à travers mes sensations ; mais je dois connaître mes sensations sans intermédiaire ; sinon, à supposer encore des intermédiaires, il faudra bien enfin arriver à une connaissance directe. Or rien ne m'autorise à imaginer un nouvel intermédiaire entre la sensation et moi ; autant admettre tout de suite que c'est là la connaissance directe à laquelle on est forcé d'arriver. D'ailleurs si l'on tient à mettre des intermédiaires, tout ce que nous allons dire du monde des phénomènes subsistera en entendant cette fois par monde des phénomènes l'ensemble des sensations dont j'ai enfin la connaissance directe, adéquate. Je connais donc ces sensations finales telles qu'elles sont en soi, absolument, adéquatement. Le monde de ces sensations ou phénomènes, en un mot le vrai monde phénoménal, est connu tel qu'il est.

Théorème II. — « *Le monde phénoménal a un ordre et des liaisons indépendantes de mon vouloir.* »

Hypothèse (A). — « Le monde phénoménal est un ensemble à déterminer. » Supposons *que les phénomènes sont par eux-mêmes étrangers et indifférents à tout rapport de causalité, unité, ressemblance, etc.*

Alors la raison, l'entendement sont libres d'appliquer à leur fantaisie les catégories à cette matière informe, sous la seule condition d'être toujours fidèles à leurs habitudes ou principes. Les phénomènes se prêtent sans résistance à cette action. Il suffit que je pense les phénomènes (*a*) et (*b*) comme liés par le rapport de causalité pour que ce rapport s'établisse effectivement entre eux.

Objections. — 1° Or, en fait, personne ne s'attribue, fût-ce un seul instant, ce pouvoir autocratique sur le monde des phénomènes. Dès qu'il sagit, non plus seulement d'affirmer en général que tout phénomène a une cause, mais que tel phénomène (*a*) est la cause de tel phénomène (*b*), nous devenons prudents et circonspects, dans la crainte de nous tromper. Pourquoi cette crainte si c'est de nous seuls que le phénomène (*b*) attend sa cause ? Nous voyons bien ce phénomène (*b*), mais parmi ses antécédents nous ne désignons pas la cause à notre fantaisie, nous hésitons, nous cherchons. Est-ce l'embarras du choix ? Non ; car souvent nous avouons non l'embarras du choix, mais notre ignorance. Si nous suppléons à notre ignorance par une hypothèse, nous n'avons pas la prétention d'imposer ainsi notre fantaisie aux choses ; ce rapport de causalité hypothétique ne nous paraît que provisoire, sans solidité jusqu'à ce qu'il ait été éprouvé par des expériences sérieuses et répétées. Pourquoi, si ce rapport de causalité n'est pas dans les phénomènes mêmes, faire ainsi semblant de l'y chercher, au lieu de le leur imposer ? Les phénomènes sont donc liés par une loi indépendante de ma volonté, de mon vouloir.

2° Si chaque intelligence ordonne les phénomènes de son monde à elle à sa guise, comment les hommes pourront-ils s'entendre sur ce qu'on appelle la nature? Faire chauffer le beurre semble à tous la cause de la fusion de ce beurre. Pourquoi cet accord si l'on peut imposer à sa fantaisie à la chaleur d'être la cause de la fusion, ou à la fusion d'être la cause de la chaleur? Pourtant, en fait, tout le monde s'entend sur l'ordre et sur la nature qui, à toutes les intelligences, apparaissent à peu près identiques. Comment expliquer un pareil accord? Dira-t-on que chaque intelligence a égard à toutes les autres; que l'éducation, l'instruction, etc., influencent les idées des enfants et leur inculquent les habitudes des parents et ancêtres? Mais c'est admettre que les phénomènes se déterminent les uns les autres, c'est-à-dire qu'ils ne sont pas indifférents et étrangers à tout rapport avant même que l'esprit s'y applique. De plus, cet ordre transmis par hérédité, par éducation, par ouï-dire, n'est pas accepté par l'enfant comme réel, mais seulement comme possible, rationnel, probable, tant qu'il n'a pas reconnu par des expériences personnelles qu'on ne l'a pas trompé. Pourquoi l'expérience seule donne-t-elle à cet ordre l'estampille de la vérité, de la réalité? — Il faut donc conclure à un ordre préexistant dans le monde phénoménal à toute action de l'esprit sur ce monde. On arrive ainsi à l'hypothèse B.

Hypothèse (B).— *Le monde phénoménal a un ordre et des liaisons avant toute opération de mon entendement.*

Supposons que le monde phénoménal a un ordre et des liaisons avant toute opération de mon entendement; alors les phénomènes se déterminent les uns les autres suivant des lois et un ordre déterminés. Je ne puis imposer arbitrairement à (*a*) d'être la cause de (*b*), ce qui prouve que les phénomènes sont déjà liés par des rapports de cause à effet indépendamment de moi. Dès lors ou bien cet ordre n'est pas celui de l'entendement (s.-hypothèse B′) ou bien c'est celui de l'entendement (s.-hypothèse B″).

Sous-hypothèse (B′). — Dans ce cas l'entendement n'imposera ses propres rapports de causalité, de pluralité, de ressemblance, etc., qu'en détruisant, par une sorte de coup d'état, les rapports que les phénomènes avaient déjà naturellement entre eux, et, cette abolition exécutée, on revient à l'hypothèse (A), déjà réfutée. La connaissance, la science, est une œuvre arbitraire, fantasque, impossible, puisque chaque homme a sa science à lui absolument différente de celle de son voisin;

c'est la confusion des langues, la tour de Babel. Cette sous-hypothèse est à éliminer comme conduisant à des conclusions absolument contraires à l'expérience. Il faut se rejeter alors sur la sous-hypothèse B".

Sous-hypothèse (B"). — L'entendement, cherchant à mettre dans les phénomènes l'ordre qu'il y désire, se voit prévenu par eux ; le monde des phénomènes est conforme aux principes de la raison et aux lois de l'entendement ; le monde des phénomènes offre de lui-même à l'esprit les rapports qu'il réclame. Alors l'esprit n'est plus que le témoin de l'ordre du monde phénoménal ; il n'est plus l'auteur de cet ordre. Cette hypothèse est la seule qui subsiste, c'est à elle seule qu'il faut arriver. Et l'observation confirme cette conclusion.
« Par exemple les lois de l'esprit veulent que quand une bille en frappe
« une autre, la seconde se mette en mouvement : or ce second mou-
« vement est un phénomène ; et tout phénomène est *donné*, c'est-à-
« dire *subi* par la sensation ; comment ce second phénomène se
« produit-il toujours, par cette seule raison que notre esprit en a
« besoin ? Kant lui-même a vu la difficulté et ne l'a pas résolue. »
« [Janet, *Traité de Philosophie*, p. 811.]

THÉORÈME III. — « *L'hypothèse des catégories conduit à un cercle vicieux.* »

Nous venons de voir (th. II) que l'application des catégories ne se fait pas au hasard et qu'il y a des raisons tirées des objets eux-mêmes qui motivent l'application de ces catégories. Allumer le feu *(a)* fait fondre le beurre *(b)* : tout le monde convient que *(a)* est la cause de *(b)* et non l'inverse. Or que peuvent être ces raisons sinon justement la réalité même reconnue par l'esprit des rapports que nous affirmons ? « En supposant que les idées de pluralité, d'unité, de totalité,
« etc., fussent des conceptions *à priori*, à quel signe reconnaîtrait-on
« que l'unité conviendrait à tel objet, la pluralité à tel autre, etc...
« S'il y avait dans l'objet de l'expérience quelque signe qu'il fût un
« ou plusieurs, on n'aurait pas besoin de lui appliquer une conception
« *à priori* ; et s'il manquait de ce signe, comment ne brouillerait-on
« pas toutes les applications. » [Garnier, *Traité des Fac. de l'Ame*, t. III, p. 375.]

Remarque. — Cette conclusion de Garnier s'applique, il me semble, aussi bien au temps et à l'espace qu'aux autres catégories. Sinon, pourquoi placer tel événement x *avant* l'événement β ou *après* lui ; et tel objet *(a)* à *droite* de *(b)* ou à *gauche* ou *au-dessus* ou *au-dessous*, etc.? Donc le temps et l'espace ne sont pas de simples catégories de l'esprit ; ils répondent à quelque chose de réel.

IV. — Monde nouménal.

1° Les successeurs de Kant cherchant hors du moi conscient l'explication de l'ordre naturel ont recours à Dieu, à un moi impersonnel, à l'absolu. Ces hypothèses remontent même jusqu'à Berkeley. Dieu serait la cause des phénomènes, de leur ordre et c'est ainsi sa volonté qui nous oblige à imposer à tel phénomène *(a)* la catégorie de cause et à *(b)* celle d'effet. On pense ainsi pouvoir se passer du monde des noumènes ou monde nouménal, sorte d'intermédiaire entre Dieu et nous.

Mais dans cette hypothèse, naturellement Dieu se dédouble en deux parties : l'une est sa volonté libre, supérieure au temps et à l'espace, c'est proprement Dieu lui-même, tel qu'on l'entend quand on emploie le mot Dieu. L'autre partie, au contraire, déroule ses actions dans le temps et l'espace suivant les lois du déterminisme observé par tous dans les phénomènes qui constituent cette seconde partie de Dieu. Cette partie soumise à des lois fixes, fatales, est-elle encore Dieu? On ne peut pas réellement l'appeler Dieu. C'est, à proprement parler, la nature, le monde nouménal et le monde phénoménal unis. On est donc forcément ramené à admettre un monde, la nature, cause immédiate et matérielle de nos sensations, et ce monde-là n'est pas Dieu, loin de là. — Dans les comparaisons précédentes, Dieu même serait l'opticien ou le fontainier mystérieux ; le monde, la nature, serait l'ensemble de la lumière et des verres, ou dans la première comparaison l'ensemble de l'eau et de ses conduites.

2° Fichte suppose alors que la cause des phénomènes du moi est non plus Dieu, mais une partie inconsciente du moi déterminant la sensibilité du moi-conscient par une action mystérieuse.

La réponse est analogue à celle de l'alinéa précédent (1°). Le moi, dans l'hypothèse de Fichte, se dédouble forcément en deux parties dont l'une est proprement le moi lui-même, le moi-conscient, le sujet individuel, qui pense, qui juge, qui a conscience, qui veut, et dont l'autre pourrait s'appeler aussi bien un non-moi puisqu'elle est en dehors de la conscience. De plus Fichte admet l'existence des autres hommes et l'accord de leurs perceptions est indéniable ; cet accord exige que la partie inconsciente de leur moi soit commune à tous et antérieure même au moi de chacun d'eux. Dès lors, en quoi une pareille cause, inconsciente, involontaire, commune à tous les esprits, préexistante au moi de chaque individu et agissant simultanément sur les différents esprits, se distingue-t-elle du monde extérieur ?

Mêmes remarques pour l'absolu ou l'absolu-idée. On arrive toujours à la conclusion du bon sens vulgaire, à l'existence d'un monde extérieur. Nous reviendrons sur ce sujet à propos du phénoménisme absolu. Pour le moment il ne nous reste qu'à appliquer aux faits du moi les remarques que Garnier a faites (th. III) pour les phénomènes en général et à réfuter la part de phénoménisme relatif admise par Kant au sujet du moi.

Phénoménisme psychologique de Kant; sa réfutation. — Kant a nié la réalité du moi. Voici ce qu'il dit : « La psychologie rationnelle
« suppose sous le nom d'âme un sujet des phénomènes de conscience,
« et elle prétend démontrer son unité, sa permanence, sa spiritualité ;
« mais ce prétendu sujet n'est pas un être véritable, c'est une idée,
« l'idée de l'unité de la pensée dans la diversité des phénomènes
« auxquels elle se rapporte. De ce que la pensée apparaît comme
« étant la même dans toutes ses opérations, on ne peut conclure,
« sans paralogisme, à l'identité réelle de la cause ou substance incon-
« nue de la pensée. »

Ainsi le moi est une idée ! Cette réalité est une abstraction ! Pour Kant, c'est le déterminisme des phénomènes qui est la condition nécessaire de l'identité de conscience. Il est facile de voir que non.

a) Le déterminisme des phénomènes n'est nullement la condition nécessaire de l'identité de la conscience (identité constatée d'ailleurs une fois pour toutes en psychologie). — Pour le prouver il suffit de montrer que l'esprit, en face de phénomènes incohérents, se succédant sans aucune loi fixe, conserve une conscience parfaitement une et identique. Les faits les plus indéniables servent à cette preuve. Nous n'avons point la perception de la totalité des phénomènes qui s'accomplissent dans le monde ; nous ne saisissons que des fragments sans suite de l'univers et le reste de l'univers est ignoré de nous. Je n'ai, par exemple, aucune sensation de l'attraction de Neptune sur Uranus ; je n'ai pas le moindre conscience des phénomènes qui se passent dans le cerveau ou des pensées qui sont la cause déterminante des actes de ce passant là-bas, etc. Donc ma vue de l'univers ne me donne que des effets sans causes ou des causes sans effets, bien loin de me donner constamment la liaison des causes et des effets. Eh bien, puisqu'il en est ainsi, supposons maintenant que l'univers soit réellement réduit à ces phénomènes isolés, incohérents, discontinus que seuls il m'est donné de percevoir, l'univers sera dès lors sans ordre, sans unité et cependant, rien n'étant changé dans mes perceptions, l'unité subsistera après comme avant dans ma pensée. Le déterminisme des phénomènes objectifs n'est donc pour rien dans l'unité de la pensée, puisque ce déterminisme a été jusqu'à présent ignoré pour la majorité des faits ; si ce déterminisme était perçu, la science serait achevée et l'on ne ferait pas tant d'expériences et de travaux pour le connaître. La science n'est que la recherche des causes et des lois ; on ne les chercherait pas si on les connaissait nécessairement.

On a eu recours à une perception inconsciente. Ces mots ne signifient rien ; c'est un non-sens. Acceptons-le. Eh bien alors nous percevions tous la planète Neptune avant que Leverrier l'eût indiquée à Bessel ! Et nous percevons l'univers entier ! L'hypothèse est formidable et sans preuves : elle paraît absurde.

Le phénoménisme relatif de Kant n'est donc pas soutenable. En lui empruntant sa propre théorie des catégories, nous allons voir que le moi, l'âme a une existence réelle. C'est l'objet de la remarque suivante :

b) L'esprit imposerait, dit-on, à certains phénomènes la catégorie de substance une, identique supportant ces phénomènes. J'impose la catégorie substance-moi à certains de ces phénomènes et la catégorie de substance-A à tel autre groupe de phénomènes. Pourquoi cette différence? On peut répéter à ce propos le raisonnement du théorème III. C'est que l'esprit a aperçu en ces phénomènes un signe de cette distinction à faire. Donc l'esprit n'impose pas ses catégories, mais il les lit dans les faits.

c) On voit donc enfin que le subjectivisme kantien n'est pas exact. Si l'esprit aperçoit dans les phénomènes un signe de la distinction à faire entre les faits du moi et les autres, c'est dire, au fond, que l'esprit atteint le moi, la réalité même du moi. Le moi est un noumène et l'esprit atteint ce noumène, le reconnaît, en a conscience. Et c'est d'après ce type complet que j'imagine les noumènes ou substances

A, B,... : car l'esprit, on l'a vu, aperçoit dans les phénomènes un signe pourquoi ces phénomènes ne sont pas à lui. En quelque sorte il atteint de cette manière A, B,... A un groupe de sensations portant toutes le signe d'un même noumène $(a) = (\alpha\ \alpha'\ \alpha''...)$ je fais correspondre cet être hypothétique A ; au groupe analogue $(b) = (\beta\ \beta'\ \beta''...)$ de sensations portant toutes le signe d'un autre noumène, je fais correspondre un être hypothétique B ; et ainsi de suite. Si le groupe (a) est la cause du groupe *(b)* dans le monde phénoménal, je dirai, par extension, que A agit sur B dans le monde noumènal. A, B, C... constituent le monde noumènal, le monde des réalités extérieures, la nature elle-même. L'esprit est naturellement conduit à attribuer à la rencontre de ces réalités et du moi l'apparition des phénomènes de la sensation. Il n'y a pas forcément ressemblance entre A et *(a)* sensations qu'il produit sur moi. Mais, après une étude *suffisante* du groupe de sensations ayant le signe de A, le monde des phénomènes et celui des noumènes se correspondent d'une manière *univoque*. Dès lors ils seront l'un par rapport à l'autre comme le globe terrestre et une carte plane géographique de ce globe : il n'y a pas similitude, mais *corrélation univoque* ; et cela suffit : car l'ordre des phénomènes *(a) (b)...* et leurs relations de cause, de ressemblance, etc., permettront d'induire l'ordre des actions des noumènes A, B..., la similitude de ces actions, etc.

Ainsi le monde, l'âme sont atteints par l'esprit. La raison atteint le monde des noumènes. « *La sphère dans laquelle Kant voulait enfermer le moi et la raison humaine n'existe pas.* » L'existence de cette sphère est aussi imaginaire que l'existence des catégories de Kant.

CHAPITRE V

AUTRES OBJECTIONS

Ainsi la raison atteint les noumènes ; Kant voulait que la raison fût enfermée dans une sphère infiniment petite d'un rayon égal au rayon du moi ; la raison agit et règne dans une sphère d'un rayon plus grand. Mais jusqu'où s'étend le rayon de la sphère d'activité de la raison humaine? Et comment ce rayon a-t-il varié et variera-t-il avec le temps? C'est là que se présentent de nouveaux scepticismes.

I. — Objections.

1re objection. — « On peut accorder, dira l'adversaire, que la science est sûre, que les déductions rationnelles fortement établies par les savants sérieux seront toujours vraies désormais et que le monde extérieur se conformera à ces lois. Mais ne fut-il pas un temps où le principe de raison n'exerçait pas encore son empire sur l'univers entier? Cet univers n'est-il pas, peut-être, sorti un jour sans raisons, sans causes, du néant primitif? »

On peut déjà demander pourquoi nous ne serions pas encore témoins de temps en temps de pareilles sorties du néant ; pourquoi elles ont cessé? L'adversaire arrive alors à l'objection plus générale suivante :

2e objection. — « Sans doute depuis la période historique et sur notre petite planète tout semble en apparence s'être conformé aux principes de la raison. Mais d'abord c'est là un point dans l'espace et dans le temps ; peut-on en conclure que ces principes (et en particulier le principe de raison ou de causalité) ont été réellement respectés sans exception dans tout l'espace et dans tous les temps? Si dans tel astre un événement arrive sans raison, qu'en savons-nous ici-bas[1]? Si cet événement n'a qu'une très faible répercussion sur le

---

[1] Ou bien les phénomènes sans raisons d'être forment un monde à part non lié au monde que nous observons et alors ce monde à part est pour nous comme s'il n'existait pas, inutile d'en parler — ou bien ces phénomènes sont liés aux autres et l'observation pourra en révéler l'existence. C'est ce dernier cas seul qu'on suppose ici.

reste de l'univers et en particulier sur notre planète, nous ne nous en apercevrons même pas. Et nous en apercevrions-nous, que nous en mettrions la raison sur quelque cause inconnue. Tout ce qui nous embarrasse est ainsi placé sur le compte de causes inconnues ; car notre connaissance est si bornée qu'une inconnue de plus ou de moins ne nous étonne guère. »

La réponse à cette objection est rendue difficile justement à cause de cette ignorance dont vous nous parlez. Et voyant votre avantage de ce côté, vous insistez impitoyablement :

« Si cette idée est vraie, alors notre foi dans la raison est vaine. La science ne doit plus nous paraître que ce qu'elle est, c'est-à-dire un moyen, un procédé, un échafaudage momentané, bon actuellement pour atteindre quelques résultats utiles à notre bien-être, mais sans solidité durable. Au jour où nous constaterons que ce procédé ne réussit plus, nous chercherons autre chose pour continuer à perfectionner notre bien-être ; ou si nous ne trouvons rien nous dormirons dans un indifférent scepticisme. Artifice de politicien, le principe de raison, rien de plus ; quand le vent ne sera plus à ce principe, nous chercherons quelque autre artifice utile pour le remplacer. Si nous y tenons, c'est par habitude héréditaire ; l'humanité n'aime pas qu'on la fasse sortir de l'ornière où elle se traîne. Comme le monde est un chaos, il faut bien cependant s'attendre à quelque changement ; cette habitude ne peut avoir que son moment de réussite et de vogue, même en un point imperceptible du monde, tel que la terre ; il ne faut donc pas y attacher grande importance et, au contraire, acclamer un changement qui ne peut tarder. Qu'importe la raison, pourvu qu'on se tire d'affaire et qu'on vive bien ? La vérité est là aujourd'hui, demain elle sera ailleurs : tout change, tout varie sans règles, sans lois ! »

Essayons de répondre à cet anarchiste intellectuel.

II. — Réponses.

PREMIÈRE RÉPONSE. — « *La négation des principes de la raison conduit à la folie, à l'idiotie, à la désespérance éternelles.* »

a) Croyez-vous qu'un habitant de l'étoile la plus éloignée de nous qu'il vous plaira d'imaginer, plus généralement croyez-vous qu'un être pensant quelconque de l'univers, privé tout à coup de son trésor le plus cher, se contente de dire : « Cela s'est fait sans cause » et ne cherche pas le ravisseur? Croyez-vous qu'il puisse y avoir un seul esprit au monde où puisse germer une pareille idée, sincère, profondément sincère, cela s'entend. Si vous considérez cette supposition comme ridicule, c'est que vous affirmez que les principes de la raison sont, je ne dis pas seulement obligés, mais vrais en tout temps et en tout lieu : et nous sommes d'accord. — Si au contraire vous croyez qu'il existe des êtres qui admettent, preuve en mains, qu'il y a des changements sans causes, alors ne croyez plus à rien de sérieux : attendez-vous à tout. Puisque le principe de raison souffre exception, ne fût-ce qu'une seule fois, en un seul point du monde il n'y a plus lieu de le croire; car qui m'assure que, à l'instant même, cette exception ne va pas se répéter, se redoubler et devenir désormais la règle autour de moi? Qui m'assure que ce beurre que je fais chauffer pour le fondre au lieu d'entrer en fusion, comme hier, ne va pas peut-être se changer en un chien enragé et me mordre au visage?

C'est dès lors l'hallucination fantastique, la folie à l'état permanent ou tout au moins toujours suspendue sur notre tête comme une épée de Damoclès.

b) C'est tout ou rien, ou bien le principe de raison a toujours régné et régnera toujours dans l'univers entier sans exception, ou bien s'il y a une seule défaillance, il n'y a plus à être sûr de rien ; cette défaillance peut se propager et devenir la règle. C'est le scepticisme absolu.

Or un tel scepticisme ne peut pas même s'avouer, s'énoncer en langage intelligible. A toute question il ne peut que balbutier : « Qui peut savoir? » Celui qui en serait vraiment atteint ressemblerait à une chose inerte, à un idiot. Son état habituel devrait être l'hébétude; son existence serait une sorte de rêve incohérent. Une pareille existence équivaudrait, comme le dit Platon, à la non-existence, puisqu'elle serait indéterminée pour elle-même.

c) Et ce rêve incohérent serait un cauchemar, affreux et sans fin. En effet notre esprit a besoin d'ordre ; il veut que le principe de raison soit comme celui d'identité, une loi absolue à laquelle tout obéisse. C'est déjà une chose extraordinaire, dans votre hypothèse, qu'un chaos comme votre univers ait donné naissance à cette pensée humaine éprise d'ordre. Un chaos donne naissance à un chaos, qui est tantôt d'accord tantôt en désaccord avec le premier; mais ici il y a toujours désaccord. C'est incompréhensible! Mais que dis-je? Incompréhensible ne signifie plus impossible, puisque la raison n'a plus de valeur sérieuse en dehors du moi.

d) Alors quoi ? Il n'y a plus moyen de comprendre, de penser ; donc impossible de vivre suivant notre nature personnelle, de satisfaire nos instincts de raison ; il n'y a donc jamais moyen d'être heureux ; il vaut mieux renoncer à vivre, finir cette hallucination fantastique incessante et qui froisse perpétuellement nos tendances rationnelles ! Schopenhauer donnerait pour remède de ne s'attacher à rien, de ne pas s'entêter dans l'affirmation des principes de raison ; autant dire de renoncer à être, car nous verrons (chapitre vi, p. 41) que ces principes nous ne pouvons pas ne pas les penser et y croire à moins que nous ne soyons complètement anéantis. Mais s'anéantir soi-même complètement c'est plus facile à dire qu'à faire. La mort ne doit être qu'une autre apparence du chaos universel, puisque partout et toujours il y a chaos sans raison ; l'apparence de l'inconscience dans la mort ne peut pas permettre d'induire à cette inconscience, car l'induction est fausse désormais. La mort peut être conscience, elle peut être inconscience, nous ne pouvons en raisonner, puisque la raison ne régit rien. Donc pas de refuge contre notre cauchemar ; partout et toujours sans doute la contradiction douloureuse entre le chaos et notre raison, partout l'obsession d'un ensemble fantastique qui nous fait horreur. Nous sommes condamnés à l'éternelle souffrance. C'est la damnation, la désespérance éternelle.

e) A quelles conclusions désespérantes nous conduit votre hypothèse ? Une première preuve en faveur de l'universalité dans le temps et dans l'espace des principes de la raison se tire justement des lugubres conséquences auxquelles aboutit la négation contraire.

Cette preuve va être corroborée par la seconde réponse.

Seconde réponse. — « *L'observation donne de très fortes probabilités pour l'universalité des principes de la raison.* »

Nous avons prouvé la certitude des principes de la raison dans notre domaine terrestre actuel au moins, en montrant l'importance des *concordances* et des *prévisions* que la science sérieuse a su en déduire, concordances et prévisions que l'observation ultérieure a vérifiées. On peut employer un procédé analogue pour une sphère de rayon immense décrite de la terre comme centre et embrassant un espace aussi grand qu'on veut.

Certes il ne faut pas nous demander d'agir dans un pareil champ en maîtres et en souverains. Plus d'expériences, mais seulement quelques observations. Réduits à de faibles ressources en présence d'un aussi grand espace, nous n'aurons que de rares occasions de prévoir et d'observer si loin de notre petit support terrestre. Néanmoins nous atteindrons beaucoup plus loin (ou le verra) dans l'espace et nous remonterons beaucoup plus avant dans l'antiquité que le vulgaire ne serait porté à croire. En tous cas, si ces prévisions et observations ne sont pas aussi fréquentes que sur terre, leur force de preuve n'en garde pas moins une très importante valeur. Voici quelques-unes de ces preuves :

I) *a)* Les perturbations d'Uranus ont induit les savants à appliquer le principe de causalité; ce principe appliqué par Leverrier lui a permis de préciser la nature de la cause, la place de cette cause. Cette *prévision* fondée sur le principe de causalité a été *vérifiée* par l'observation de Galle et la découverte de Neptune au bout de la lunette de l'observatoire.

b) Les perturbations du mouvement de Sirius ont induit les savants à y appliquer le principe de causalité; ce principe appliqué par Peters lui a permis de préciser la nature de la cause, la place de cette cause. Cette *prévision* fondée sur le principe de causalité a été *vérifiée* par l'observation d'Alvan Clark et la découverte au bout de sa lunette du compagnon obscur.

c) Le mouvement des étoiles multiples a une loi spéciale; le principe de raison a induit les savants à chercher pourquoi cette loi et à voir si ce ne serait pas une conséquence de la loi de Newton; cette induction couronnée de succès prouve deux choses : que le principe de raison s'applique encore à cette distance énorme et que la nature ne ressemble guère à un chaos, puisque la même loi de Newton régit à elle seule tous ces mouvements célestes, depuis nos planètes jusqu'aux étoiles multiples si éloignées.

d) La mécanique tout entière repose sur le principe de causalité. Dès le début de la mécanique en effet on divise les points en plusieurs classes. Le point A ou bien : 1° se meut lui-même, est la *cause* de son mouvement : *point ou être animé*; 2° ne se meut pas lui-même; *or la cause de son mouvement doit exister (principe de causalité)*; comme ce n'est pas lui-même qui est cette cause, ce point sera dit *inerte* et la cause de son mouvement sera appelé une *force*. La mécanique suppose donc, dès son début, le principe de causalité. Il en est donc de même de la mécanique céleste et par suite des *prévisions astronomiques* de cette science, prévisions vérifiées par l'observation.

Il semble bien ainsi que la sphère où règnent les principes de la raison a un rayon immense, infini.

II) Mais, direz-vous, en admettant que ces principes règnent actuellement dans l'univers entier, qui me dit qu'ils y ont toujours existé ?

e) Si les questions *(a) (b) (c) (d)* du paragraphe précédent avaient pu se présenter à l'esprit des hommes primitifs, il y a 60 siècles si vous voulez, ils auraient conclu comme nous, les lois de la raison étant forcées pour l'esprit humain, ainsi que nous verrons (au chap. vi, p. 41), et ils auraient pu par l'observation voir que leurs conclusions étaient justes, que le Leverrier préhistorique ne s'était pas trompé et que son induction se vérifiait par l'observation du Galle contemporain. Car Neptune et Uranus n'existent pas d'hier et il y a plus de 60 siècles que le premier agit sur le second, cela résulte de la stabilité, établie en mécanique céleste, de notre système planétaire. Il en est certainement de même de Sirius et de son compagnon obscur ; des étoiles multiples et de tous les grands corps célestes solides. Ces prévisions et, par suite, le principe de causalité sont donc justes depuis plus de 60 siècles.

f) Il y a plus. La lumière qui arrive aujourd'hui à mon œil et qui émane de telle étoile, A, en est partie il y a peut-être 300 siècles. Ce sont ces antiques messagers qui viennent nous raconter que, il y a 300 siècles, nos lois de raison régissaient l'état des étoiles ou des nébuleuses d'où ils sont partis. D'autres, même, nous confirment la vérification, il y a plus de 365 siècles de cela, des principes de la raison dans les lointains parages d'où ils émanent. En même temps qu'eux m'arrivent des rayons lumineux partis il y a 299 siècles d'une étoile A' un peu plus proche de nous ; et ces rayons me racontent la même chose ; puis c'est la même conclusion de la part des messagers de A'', partis il y a 298 siècles et ainsi de suite jusqu'à ceux partis de Neptune ou de Mars il y a quelques minutes et qui nous tiennent le même langage [1]. Et ces nombreux messagers se sont renouvelés à

---

[1] Ces affirmations scientifiques sont prouvées ainsi : 1° on mesure la distance des étoiles à notre système solaire par une triangulation (mathématiques) donnant le

toutes les heures de cette journée, hier, avant-hier, etc., depuis un an, depuis un siècle, depuis qu'on étudie la voûte céleste. Quelle masse énorme et continuelle de témoignages ! Ainsi ce n'est pas un point dans le temps et dans l'espace que notre science scrute et analyse, c'est le passé tout entier, c'est l'espace sans limite. Et partout et toujours elle y vérifie les principes de la raison !

Si une pareille probabilité en faveur de l'universalité de la raison dans le temps et dans l'espace ne vous suffit pas, que voulez-vous ? Sans doute ce n'est pas là une *démonstration* absolument rigoureuse. La première preuve embrasse bien l'avenir, la seconde le passé et l'espace, mais vous pouvez toujours vous réfugier plus loin. Avez-vous une démonstration absolument rigoureuse que vous êtes aujourd'hui la même personne que vous étiez hier ? Non. Vous le croyez cependant. Dans cette vie nous ne tablons guère que sur des probabilités ; il n'y a guère de certaines que les sensations (ou phénomènes de la conscience) au moment où on les ressent. Contentons-nous donc, et cela suffira à tout esprit rassis et de bonne foi, de remarquer que, d'après les preuves précédemment exposées : « *L'universalité dans le temps et l'espace des principes de la raison (et en particulier du principe de raison suffisante) a en sa faveur une des plus grandes probabilités qu'il soit donné à l'esprit humain de rencontrer ; en dehors de la certitude absolue, il n'y a rien de plus sûr que cette universalité.* »

minimum au moins de cette distance ; 2° on a mesuré la vitesse *maxima* de la lumière (dans le vide) ; 3° on en conclut par un calcul d'arithmétique *le temps minimum* qu'elle met à venir de ces étoiles, des nébuleuses, de Neptune, de Mars, etc. (ces derniers temps sont exacts) ; les éclipses des satellites de Jupiter confirment ces conclusions.

Avec le télescope, on a pu estimer (Herschel) certaines des distances perçues à 2.300.000.000 rayons orbite terrestre ; la lumière exige 365 siècles pour parcourir cette distance. Or les savants appliquent à ces nébuleuses les *lois* de l'analyse spectrale pour distinguer les nébuleuses fluides des amas d'étoiles.

CHAPITRE VI

ORIGINE DES PRINCIPES RATIONNELS.

I. — *Comment se dégagent ces principes.*

La loi d'identité est une forme essentielle de la pensée. L'identité du moi avec lui-même et l'impossibilité de recevoir en soi la contradiction sont deux faits présents dans toute conscience, dans tout état de conscience. Les expériences répétées de la vie dissocient les éléments des perceptions, la réflexion analysant ces débris dissociés y recueille la formule du principe d'identité et de contradiction. On peut énoncer une proposition contradictoire, je ne puis la penser effectivement, c'est-à-dire réaliser un état de conscience correspondant où la superposition des contradictions soit perçue expérimentalement.

Le principe de raison n'est pas, comme le principe d'identité, une loi absolue de la conscience. Nous aurions des sensations sériées ; nous ne jugerions sans doute pas ni ne raisonnerions, nous ne comprendrions pas, mais nous aurions conscience, nous existerions. Mais il se trouve que, par une sorte d'instinct intellectuel spontané, le moi va généraliser des observations intérieures. Quand l'intelligence pense à cette suite d'états de conscience : « Je veux lever le bras, je ressens l'impression de mon bras levé » ; qu'elle répète cette volition et la voit encore suivie de *cette* sensation correspondante, et cela plusieurs fois de suite, elle prend l'idée d'une liaison entre ces deux états de conscience, et le premier elle l'appellera la cause du second : car elle constate que, continuellement et jusqu'à changements possibles en son corps, c'en est la condition nécessaire et suffisante. Voilà l'intelligence en possession, par l'étude de ses volitions, de sa volonté avec ses mobiles, ses motifs, etc., de la notion de *raisons* et de *causes*. De ces expériences diverses, innombrables, perpétuelles, elle constate que toujours elle se détermine par des raisons : elle ne fait rien sans raison pourquoi elle agit ainsi plutôt qu'autrement. Du moins, plus elle a conscience de ce qu'elle fait, plus elle est elle, plus elle agit suivant ce principe. Elle prend ainsi conscience du principe de raison en elle.

La question est maintenant de savoir comment de ces observations nous nous élevons à la conception que tout a sa raison d'être. Pour ramener à un type unique qu'elle connaît bien, le seul qu'elle connaisse de prime abord à peu près complètement, ses diverses sensations (ce que le pousse à faire l'avantage d'une simplification dans ses idées), l'esprit considérant comme familières celles dont il trouve en lui la raison (mouvements volontaires, etc...) veut y ramener les autres. Cette inclination le porte à faire l'hypothèse que les autres sensations sont produites en lui par des êtres analogues à lui. L'enfant, le sauvage, conçoivent que tout se fait par des êtres comme lui, quoique parfois invisibles, génies, fées, etc. Ces êtres agissent rationnellement comme lui, puisqu'il les bâtit sur son modèle et qu'il ne connaît pas d'autre modèle. A mesure qu'il connaît mieux la nature par des expériences répétées, l'enfant prend une idée plus précise du caractère, du tempérament pour ainsi dire, de tous ses sosies. Il modifie ses notions de causes rationnelles. A des génies libres il substitue des génies enchaînés ou esclaves, ou abrutis, des forces sans liberté ; et des habitudes fixes à des fantaisies de puissances libres. Il reste toutefois toujours de son hypothèse première que les phénomènes n'arrivent pas sans un antécédent, sans raisons. Certains êtres, comme lui, créent le mouvement (hommes, bêtes, etc...) ; celui-ci est transmis suivant des lois fixes (sorte de consigne fixe) par une série d'êtres-esclaves, sans liberté, sans initiative, et cette transmission aboutit à la sensation ou au groupe de sensations qu'il étudie. Ainsi avec des sosies, soit réduits en esclavage ou à l'état inerte, soit parfois élevés au contraire à une puissance supérieure à celle même que son orgueil lui attribue, l'homme voit par l'expérience que son hypothèse géniale explique tout ce qui l'entoure.

Et l'esprit va prouver que cette conception, d'abord sans autre fondement qu'une simplification commode, un instinct naturel et surtout l'impossibilité d'imaginer un autre modèle que lui, est une conception juste : c'est-à-dire que dans le monde, en effet, tout peut s'expliquer rationnellement, tout est intelligible c'est-à-dire peut se ramener aux principes généraux qu'il a reconnus en lui et spécialement au principe de raison suffisante.

« En faveur de son hypothèse, il y a un certain nombre de cas
« concordants (à savoir, les faits dont on connaît déjà la loi) ; contre
« l'hypothèse, des cas infiniment plus nombreux, à savoir tous les

« faits dont la loi est encore ignorée et qui semblent témoigner contre
« la causalité universelle). S'il s'agissait d'une association mécanique,
« cette force adverse la dissoudrait immédiatement (V. Empirisme,
« p. 43 et suiv.). Mais l'intelligence ne subit pas passivement le choc
« des phénomènes : elle compare, elle juge, elle apprécie. Dès lors
« la question de nombre devient insignifiante, parce que toutes
« choses ne sont plus égales d'ailleurs ;... Pour l'intelligence il ne
« s'agit pas de forces mécaniques, il s'agit de *preuves ;* ce qui n'a pas
« force de preuve, pour elle n'a pas de force. Or ces cas favorables
« *sont des preuves* de l'uniformité de la nature ; et les cas défavo-
« rables *ne prouvent rien.*

« Pourquoi ? Parce que l'intelligence se dit que peut-être ces cas
« ne sont tels *qu'en apparence* et par la faute de notre ignorance.
« Tout ordre constaté est bien un ordre réel, mais tout désordre appa-
« rent n'est peut-être qu'un ordre caché. L'expérience passée nous
« invite à le croire. En effet, ces cas qui témoignent actuellement de
« l'ordre de la nature, il fut un temps où ils auraient pu être allégués
« comme preuve du désordre. Tous ont été conquis, grâce à l'extension
« de notre savoir, sur les cas contraires. Et cela se renouvelle cha-
« que jour ; chaque jour, le nombre des premiers grossit aux dépens
« du nombre des seconds. On dirait deux armées en présence : l'une
« d'abord simple phalange ; l'autre troupe innombrable. Mais à
« chaque rencontre c'est une victoire pour la première, une défaite
« pour la seconde : et, à chaque rencontre, des déserteurs de la
« seconde viennent grossir les rangs de la première. N'est-il pas dès
« lors légitime de prévoir le triomphe définitif de l'une et l'anéantis-
« sement de l'autre ? » (*Leçons de philosophie,* par Élie Rabier, p. 401.)

La croyance spontanée au principe de raison *explique psychologi-
quement* l'usage que chacun en fait; la vérification qui suit *justifie
scientifiquement* l'usage réfléchi qu'on en peut faire. La croyance à la
causalité, à la réalisation dans le monde du principe de raison, à l'intelligibilité de la nature est donc une élaboration de la réflexion, une
conquête de l'intelligence.

II. — Réfutation des autres théories de la façon dont se dégagent les principes
de raison.

I). Innéité. — L'école écossaise, l'école éclectique,.... disent que,
à propos de la perception d'une qualité, la raison nous affirme que

cette qualité suppose une substance ; à propos d'un changement perçu, la raison nous dit que ce changement suppose une cause ; il en est de même pour toute qualité perçue, pour tout changement perçu.

Cette observation est absolument juste. Il est certain qu'à l'expérience des phénomènes, la raison ajoute l'idée des raisons de ces phénomènes (causes, substance, loi). Mais comment et pourquoi ; ces écoles oublient de l'expliquer.

On a eu recours à l'*innéité;* les principes sont innés ; l'occasion d'en faire l'application nous est fournie par l'expérience ; c'est par cette expérience que nous en prenons une conscience claire. Cette théorie renferme aussi quelque vérité, à savoir que les premiers principes ne sont pas les produits de l'expérience pure et simple. Mais elle laisse trop dans l'obscur cette innéité ; on ne sait comment la concevoir, cette innéité. La comparera-t-on à l'instinct? On conçoit que dans le cerveau de l'oiseau puissent se trouver un ou plusieurs centres nerveux dont les monades directrices ont des habitudes, chacune la sienne, qui, déclanchées au moment de la fécondation, constituent un appareil (analogue à l'automate de Vaucanson) propre à construire le nid, dont l'image d'ailleurs pourrait être provoquée aussi dans le cerveau de l'oiseau par habitude (transmise si l'on veut pendant la gestation de l'œuf) de quelques centres nerveux. Mais pour un *principe abstrait* on ne peut imaginer une pareille explication ; car on ne peut imaginer une cellule, une monade, un esprit quelconque ayant l'habitude d'un *rapport* entre les choses les plus diverses possibles ; encore moins une image de ce rapport gravée dans le cerveau. Avoir l'idée d'un rapport, avant d'avoir vu un exemple au moins où ce rapport soit inclus et réalisé, cela ne se comprend guère.

Cette critique s'applique à la *théorie kantienne* de l'innéité. Mais chez Kant la difficulté est encore aggravée. Car il a une manière d'entendre l'innéité qui exagère la difficulté : il entend l'innéité comme *forme de l'esprit*. Nul n'a tant abusé que lui de ces formes. Nous avons déjà vu que : 1° ces formes sont irreprésentables, incompréhensibles ; 2° que, fussent-elles intelligibles, elles conduisent à un cercle vicieux (V. chap. IV, p. 28). Cette théorie kantienne est donc réfutée.

II) Empirisme. Associationnisme. Évolutionnisme. — *A) Empirisme.* — Pour l'empirisme pur l'esprit au début est comme une tablette de cire, une page blanche où rien n'est écrit encore ; c'est un simple appareil enregistreur où l'expérience vient peu à peu inscrire ses enseignements. Dans cette hypothèse que sont donc les principes de la raison ? un résumé, un total pur et simple de l'expérience ; par la coïncidence de (abc...) (ab'c'...) (ab"c"...) reste a comme marqué nettement, le reste s'effaçant par superposition ; a est ce qu'il y a de constant dans les phénomènes.

Cette théorie ne peut résoudre les objections fondamentales suivantes et par suite doit être rejetée :

1° Les principes apparaissent avec un caractère d'*universalité*, c'est-à-dire que leur sphère d'application nous apparaît comme illimitée dans le temps et dans l'espace, tandis que toute expérience, si considérable qu'on la suppose, est toujours limitée dans le temps et dans l'espace ; les principes ne sont donc point la simple expression des expériences faites, puisqu'ils les dépassent infiniment.

2° Les principes apparaissent comme *nécessaires*, par exemple la cause *doit* précéder constamment l'effet. Or par l'expérience on peut constater que telle chose est, par exemple, qu'un effet suit sa cause, mais on ne peut pas constater qu'une chose *doit* être. Il y a expérience possible de la réalité des choses non de leur nécessité : la nécessité n'est jamais chose qui puisse faire impression, qui puisse se percevoir. *Par là encore les principes ajoutent quelque chose à l'expérience pure.*

B) *Associationnisme.* — Pour répondre aux objections précédentes, on ajoute à l'empirisme pur une loi de l'esprit, l'*association des idées*, qui modifie d'une certaine façon, d'après les partisans de cette nouvelle thèse, les résultats de l'expérience et permet de retrouver les deux caractères d'*universalité* et de *nécessité* que ne pouvait expliquer l'empirisme pur. Voici le résumé de cette théorie :

« Une expérience qui se répète engendre, par l'association des
« idées, une *habitude* et, si elle se répète très souvent, une habitude
« invincible, c'est-à-dire une détermination de l'esprit tout à fait
« contraignante, une vraie nécessité de penser. Donc les expériences
« quoique limitées en nombre peuvent créer des nécessités absolues
« de penser conformément à ces expériences. Telle est la loi fameuse
« dite *loi d'association inséparable*. Pour en donner un exemple, on
« cite l'amputé qui ne peut s'empêcher de rapporter certaines sensa-
« tions à son membre absent. C'est cette loi, dit-on, qui explique
« les principes rationnels. A force de voir, par exemple, l'effet suivre
« la cause, nous finissons par ne plus pouvoir imaginer un effet sans

« cause. De là la nécessité du principe de cause, laquelle explique,
« à son tour, son universalité. » [Élie Rabier, *Leçons de philosophie*,
p. 372.]

On pourrait donc comparer l'esprit non plus cette fois à un simple appareil enregistreur, comme dans l'empirisme simple, mais à un appareil enregistreur précédé d'un microphone qui amplifie d'abord extrêmement les sons à enregistrer : l'esprit s'empare des données expérimentales, puis il leur donne une force invincible et une portée universelle, par habitude involontaire.

Les faits contredisent cette théorie :

1° L'observation psychologique constate la présence des principes dans l'intelligence dès la première enfance. « Il résulte logiquement
« de l'explication proposée que le penchant auquel Hume rapporte la
« croyance aux futures liaisons causales doit être proportionnel, quant
« à la force, à l'habitude dont il est censé dériver, comme l'habitude
« doit être proportionnelle elle-même, quant à sa force, à la fré-
« quence des cas semblables de consécutions observées. S'il en est
« ainsi, le penchant doit varier dans les divers esprits, selon le
« nombre des observations qu'ils ont pu faire et dont ils ont gardé le
« souvenir. Par conséquent, il doit être au plus haut degré chez le
« vieillard et au plus bas degré chez l'enfant. Or les faits ne confir-
« ment nullement cette conséquence rigoureuse de la théorie. La
« tendance à généraliser, sous le nom de cause et effet, certains rap-
« ports de succession se montre *chez tous les esprits et à tous les âges*.
« On ne peut pas dire qu'elle s'acquiert et se développe graduelle-
« ment. Elle apparaît avec toute sa force au premier éveil et dans
« les premières manifestations de l'intelligence de l'enfant (les
« pourquoi continuels de l'enfant en sont la preuve). Ce jugement
« de causalité (ou plus généralement de raison suffisante) avec la
« précision et la croyance qu'il implique est dès lors universel. Il est
« vrai que l'enfant peut souvent en faire de très fausses applications,
« en croyant voir des conditions et des dépendances où il n'y en a
« pas ; mais ces erreurs mêmes témoignent que cette tendance est un
« des modes essentiels de la pensée, une des pièces nécessaires qui
« entrent dans la structure mentale, en un mot qu'elle vient de la
« nature, non de l'habitude. » [Pillon, trad. de Hume.]

On peut en dire autant et à plus forte raison du principe d'identité et de ses dérivés : y a-t-il un instant, un seul, où l'enfant ait pu

croire, soit d'une manière expresse, soit d'une manière tacite, que tel objet puisse, au moment même où il possède telle qualité, ne pas posséder cette qualité ? — « Ces principes ne sont donc pas des fruits
« tardifs de l'expérience accumulée : la pensée, dès qu'elle se
« dégage, les apporte avec soi, et c'est grâce à ces principes qu'elle
« peut tirer quelque profit des expériences. Sans le principe de rai-
« son, il lui serait impossible de se reconnaître, de s'orienter au
« milieu des expériences ; sans la loi d'identité, loi primordiale de
« toute représentation, dont le principe d'identité n'est que l'expres-
« sion abstraite, il n'y a même pas d'expérience possible, puisque
« une expérience qui se contredirait perpétuellement se détruirait et
« s'annulerait elle-même. » [E. Rabier, *Leçons de philosophie*, p. 373.]

2° Dans cette théorie l'esprit est purement passif, sorte d'appareil enregistreur muni d'un microphone. Dans un appareil purement passif, ce qui s'inscrira c'est la *succession* et non la *causalité*. La loi de causalité est bien distincte en effet de la loi de succession dans le temps : elle porte que tout phénomène déterminé doit succéder non pas à un phénomène quelconque, mais à un phénomène *déterminé et toujours le même*. « Or cet antécédent déterminé est-il, dans chaque
« cas, visible, manifeste au point de faire impression sur l'esprit de
« l'enfant inattentif ou même de l'animal ? Sont-ils perçus de prime
« abord les antécédents constants causes de la rosée, des variations
« de la température, de la pluie ou du beau temps, des nuages, des
« marées, de la montée de la sève dans les végétaux, des phases de
« la lune, des éclipses ; — et en nous-mêmes des battements du cœur,
« des plaisirs, des douleurs, des maladies, de la vie, de la mort ? —
« L'empirisme oublie que, dans la nature, c'est le désordre, le hasard,
« qui sont apparents et que l'ordre est caché. Il oublie que chaque
« jour on découvre des causes qui s'étaient jusque-là dérobées [et que
« l'esprit affirmait sans les connaître encore]. Il oublie que le rôle
« même de la science c'est de chercher les causes et que la science
« serait superflue si déjà la *simple expérience* les avait fait connaître. »
[E. Rabier, ibid., p. 378.]

De plus si quelques faits inscrivaient sur l'appareil la causalité, les faits suivants l'effaceraient (ceux que nous venons de citer, où la cause est cachée) et y substitueraient la simple succession. Car pour un esprit passif, les témoignages ne se pèsent pas, ils s'additionnent algébriquement ou se comptent. Mais, s'il en est ainsi, qui distinguera les préjugés de la vraie science ? L'esprit tombera dans le scepticisme absolu, ainsi que D. Hume seul a eu le courage de le reconnaître. « Le nombre des cas où nous pouvons démontrer le rapport causal « est bien peu considérable par rapport au nombre de cas où cette « démonstration nous est impossible... Si donc la loi causale était « une loi d'expérience, sa valeur inductive serait bien peu satisfai- « sante (quelque chose comme la loi de rotation des vents en météo- « rologie ou quelque loi plus problématique encore). » [Helmholtz, *Optique physiologique*, p. 591, § 26.]

Nous avons vu plus haut comment c'est par son *activité* que l'esprit intervient pour peser les témoignages en faveur de la loi instinctivement formulée par lui sur la causalité ou la raison des choses.

C) Évolutionnisme. — Pour échapper à la première objection (1°) faite à l'associationnisme, Herbert Spencer ajoute l'*hérédité* à l'expérience et à l'association des idées. Les parents transmettent cet instinct à leurs enfants, comme on constate qu'ils leur transmettent certains caractères physiques ou cérébraux analogues. La seconde objection (2°) faite à l'associationnisme subsiste ; elle prend même ici une force encore plus grande ; car si aujourd'hui encore, après tous les progrès accomplis, les lois de la plupart des phénomènes sont inconnues, et si pour l'expérience brute c'est encore le désordre qui semble la règle, que devait-ce être aux temps primitifs ? Si donc pouvait se former dans un pareil milieu l'association en question, elle ne pouvait certainement pas tenir un seul instant contre tant de faits venant s'inscrire en contradiction avec elle dans l'appareil enregistreur.

Remarques. — Si ces trois théories (empirisme, associationnisme, évolutionnisme) sont insuffisantes et inexactes, il reste toutefois à observer que :

1° Elles supposent comme postulats que les deux principes de l'esprit sont des lois mêmes de la nature, puisque c'est sous la dictée de cette institutrice que ces lois s'inscrivent dans l'esprit, passif. Or dans ce qui suivra (livre II, théodicée) nous nous appuierons surtout sur ce fait que ces deux principes sont en effet des lois de la nature réelle. On voit que l'argument cosmologique n'est pas détruit, loin de là, par l'empirisme.

2° Dans la pratique, il est clair que l'habitude d'appliquer les principes leur fait acquérir, si possible, aux yeux de l'esprit une sûreté encore plus grande. L'habitude (c'est-à-dire l'association des idées) intervient dans ce cas spécial pour renforcer l'intelligence. De même l'habitude contraire, de se forcer à douter des principes, peut en rendre la nécessité moins nette, en ce sens que, si l'esprit y pense, il oscillera entre son doute et son instinct; s'il n'y pense pas (et c'est le cas des moments décisifs de la vie, des moments où il faut *agir*) il suivra son instinct rationnel sans hésitation. Voilà en quel sens on peut faire intervenir l'habitude, l'hérédité, l'association des idées, dans la mise *lente* en pratique des principes rationnels.

NOTE

Nous signalons brièvement dans cette note quelques *objections peu importantes* que l'on a élevées contre le principe de raison suffisante.

Ire Objection.

« Il semble que à cette question : Pourquoi y a-t-il quelque chose plutôt que rien ? on ne puisse répondre qu'en niant le principe de raison suffisante. »

Réponse. — On dit : Il n'y a pas de raison pour qu'il existe quelque chose plutôt que rien ; l'existence du monde n'est donc pas conforme au principe de raison. Je vous répondrai : Il y a quelque chose (êtres) et il n'y a rien (vide). — Vous dites qu'il n'y a pas de raison pour qu'il y ait quelque chose plutôt que rien ; on pourrait d'abord contester cette affirmation ; mais admettons même que cette affirmation soit vraie : alors il y a autant de raisons pour qu'il y ait et des êtres et du néant ou vide. Et c'est bien ce que vous constatez. Vous allez peut-être chicaner sur l'existence du vide, sur ce qu'il est un faux néant, que sais-je ? Enfin ma réponse vaut bien votre objection.

IIe Objection.

« Le libre arbitre ne peut exister, d'après Leibniz, que par suite d'une violation du principe de raison. »

Réponse. — Une force intelligente, comme la volonté, agit par raison finale. La raison suffisante d'un acte de volonté se compose : 1° du pouvoir d'agir, de vouloir, qui nous a été octroyé ; 2° du but final à atteindre, conçu et proposé par l'intelligence, et qui est la raison pour laquelle ce pouvoir est ainsi orienté, déterminé, et non autrement. Le principe de raison est ainsi vérifié. — « Rien n'est, rien n'arrive sans qu'il n'y ait une raison pourquoi cela est ainsi plutôt qu'autrement », a dit Leibniz. C'est ce qui est vérifié dans ce que nous expliquons. La raison pour laquelle mon pouvoir, moi en tant que cause efficiente (substance, noumène, volonté) se manifeste ainsi plutôt qu'autrement dans le monde des phénomènes est le but final à atteindre. C'est un ensemble *symétrique* de celui formé par l'action (d'une autre substance) sur le moi dans le fait de la sensation (choc, vision, audition, etc.).

Le changement de but fait que la cause volontaire a des formes différentes dans les deux cas, y pour le but x, y' pour le but x'. Il n'est donc pas contraire au *principe des lois* que dans ces deux cas les effets produits par la volonté soient différents.

La *liberté d'indifférence*, elle, serait contraire au principe de raison suffisante ; mais on ne peut y recourir que pour des actes insignifiants ; à coup sûr les actes importants, ceux dont on s'occupe en morale, ont des motifs. Pour les actes insignifiants la volonté les abandonne aux forces naturelles provenant de l'instinct, de l'habitude, des réflexes. L'explication par la liberté d'indifférence est donc inutile et par *suite le principe de raison suffisante reste intact.*

— « Si la liberté d'indifférence n'existe pas, direz-vous, et si la volonté se détermine par des motifs, la volonté est-elle vraiment libre? Vos explications ne conduisent-elles pas au déterminisme? » — C'est là une nouvelle question que nous ne pouvons pas traiter à fond [1] dans cette note. La délibération, parmi les solutions possibles $S_1 S_2 \ldots S_p$ vient de donner la préférence à la solution S_n. Cela fait, la volonté entre en acte pour réaliser S_n. *Le sentiment de la liberté* provient de ce que l'âme se sent aussi bien capable de développer son pouvoir pour S_n que pour $S_1 S_2 \ldots S_p$ ou tout autre projet que le jugement ne tient pas pour totalement stupide ou irraisonnable. C'est comme un soldat volontaire qui attend le commandement avant de l'exécuter, mais qui se sent capable de toutes sortes de mouvements, de marches, de contremarches, de manœuvres,.. non pas seulement celle qu'on va commander, mais toutes celles qu'on pourrait substituer à celle-là séance tenante.

Quant à la *délibération*, elle est toujours rationnelle, en apparence. L'ivrogne dit : Sans ce petit plaisir je ne puis ni penser, ni vivre ; il faut d'abord vivre ; je boirai juste ce qu'il faut, après je ferai mon travail avec gaieté, c'est pas défendu ! L'avare se justifie sur la crainte de l'avenir, la cherté croissante ; le lâche sur ce que la vie ne se recommence pas, etc. La volonté, devant ces demi-raisons, suspend son action, *reste nulle* et cède ainsi le pas aux instincts et aux habitudes. Mais ceux-là, une fois maîtres d'agir, font, en général, dépasser le but demi-rationnel allégué : la volonté, dans le mal, n'agit pas, et c'est là son péché. Pour le bien, elle seule agit d'abord ; puis peu à peu, les bonnes habitudes qu'elle a ainsi engendrées.

[1] Voir en psychologie la démonstration de la liberté.

LIVRE II

L'argument cosmologique.

CHAPITRE I

DÉMONSTRATION DE L'ARGUMENT

I. — Le hasard et le principe de raison suffisante.

Le mot *hasard* s'emploie pour indiquer que celui qui parle ignore encore la cause ou la raison complète, l'explication rationnelle complète, de l'événement dont il parle. C'est dans ce sens tout relatif *(h)* que le langage emploie le mot hasard.

a) Un chien court dans une rue ; un débris de cheminée l'atteint en tombant d'un toit ; on dit que c'est là une rencontre due au hasard. Si l'on connaissait la double série des causes qui ont, d'une part, amené ce chien à cet endroit précis et, d'autre part, qui ont déterminé pour ce moment-là, la chute de la cheminée, l'événement ne serait plus imputé au hasard. Ce dernier mot ne sert donc qu'à exprimer les causes qui échappent à notre pénétration ou science actuelle. Il n'y a donc là ni négation du principe de causalité, ni négation du principe de raison suffisante, mais simple aveu provisoire d'ignorance joint à une sorte d'étonnement : *(h)*.

b) Dans les effets qui dépendent du libre arbitre, il y a quelque chose d'imprévisible, mais comme ces effets ont une cause intelligente, cette cause ne peut vouloir agir que suivant les principes rationnels : là encore le principe de causalité et le principe de raison ne sont pas enfreints. Une volonté dont on dirait qu'elle se laisse aller au hasard, apparaîtrait non comme une volonté intelligente, mais comme une chose, comme le jouet, l'esclave des circonstances. Plus la volonté est libre et intelligente, plus elle mérite ce nom de volonté, et plus elle est loin de se conduire au hasard ; elle pèse et scrute les motifs pour et contre de ses actions même les plus simples et une volonté parfaite ne fait rien qu'elle ne puisse expliquer de fond en comble en en donnant les raisons.

c) Lorsqu'on dit, par exemple, un hasard providentiel, on considère cette rencontre fortuite, cette coïncidence étonnante, comme ayant pour cause véritable la volonté de la Providence. C'est là une cause que l'on considère comme réelle, quand on parle ainsi, du moins ceux qui comprennent les phrases qu'ils prononcent et ne les emploient qu'à bon escient.

Comme nous venons d'examiner dans ces exemples tous les cas possibles (choses inertes, êtres instinctifs, volonté libre, divinité) nous pouvons *conclure, en résumé,* de la manière suivante :

« Un hasard absolu (II), où il ne pourrait y avoir pour personne, pas même pour la divinité la plus haute, d'explication rationnelle, c'est-à-dire une négation du principe de raison, n'existe pas : l'expérience nous montre effectivement, dans les exemples *(a) (b) (c)*, que l'on n'entend nullement nier le principe de raison quand on parle du hasard dans le langage courant ; il s'agit toujours du *hasard relatif (h)* et non du *hasard absolu* (II). »

II. — Théorèmes.

Théorème I. — « *Les raisons d'être d'un phénomène sont antérieures à ce phénomène.* »

Nous avons déjà établi ce théorème (p. 10) à propos du principe de causalité, sous le nom de théorème *ex nihilo nihil*.

Remarque I. — Il peut sembler, au premier abord, que l'expérience contredise ce théorème I. Par exemple, j'imagine un bon feu pour me réchauffer quand j'ai froid, je prépare ce feu, je l'allume et je me chauffe. Il semble que c'est un feu n'existant pas encore qui est la raison principale de mon action, à condition d'y ajouter la sensation actuelle du froid. Il est facile de voir qu'il n'en est pas ainsi : c'est une image formée de mes souvenirs, plus ou moins dissociés et mêlés par mon esprit, c'est cette représentation mentale, faite avec d'*anciennes* sensations, qui est la raison principale de mon acte, la raison de moi agissant ainsi, ε_0. De même étaient déjà en moi les autres raisons de mon acte, à savoir : mon activité, mon désir du bien-être, la sensation du froid, etc.

Remarque II. — Une proposition, analogue au théorème I, pour les substances ne saurait exister, du moins jusqu'à plus ample informé; car nous ne savons pas actuellement si une substance commence ou a toujours été. Nous ne constatons qu'une chose, c'est le commencement et la fin de phénomènes ou faits; mais rien sur les changements nouménaux. Cette remarque évidente est cependant indispensable, vu que certains auteurs (Clarke, etc...) appliquent aux substances ce qui n'est applicable qu'aux phénomènes. La raison du phénomène (a) est ou un phénomène antérieur (b) ou un noumène préexistant à (a) [volonté de (E) par exemple].

Théorème II. — « *Si un être E a en soi la complète raison d'être de son état actuel (au temps t_0); 1° E est, au moins, une volonté intelligente rationnelle et libre; 2° et tous les états de E, antérieurs à t_0, ont aussi en E (c'est-à-dire dans sa volonté intelligente) leurs complètes raisons d'être.* »

I) Soit (α_0) l'état considéré de E. L'état (α_0) ayant, par hypothèse, sa complète raison suffisante en E, c'est que E a conçu et voulu cet état; car, s'il ne l'avait pas conçu, il n'aurait pu le vouloir, et, s'il ne l'avait pas voulu, ou bien : 1° il l'aurait reçu passivement de quelque autre être F; et alors la raison d'être de l'état (α_0) ne serait pas toute dans E, mais en partie dans F; — ou bien 2° E l'aurait produit sans le vouloir, c'est-à-dire soit instinctivement ou par nature, soit par hasard inconsciemment en tout ou en partie : alors la raison d'être de (α_0) n'est pas seulement dans E mais dans sa nature ou instinct, ou dans le hasard. Examinons successivement ces deux cas.

Ce hasard serait le hasard absolu H; sinon il y aurait une cause réelle à ce hasard et l'on reviendrait soit à F, soit à la nature de E. La nature de E, ou bien : 1° c'est E qui se l'est formée peu à peu, et, en s'imposant ces habitudes, E en a conçu et voulu les conséquences, sinon E ne serait pas la raison complète de cette nature, ni, par conséquent de (α_0), mais là encore interviendrait comme raison de cette nature et de (α_0) le hasard absolu H; ou bien 2° cette nature de E lui a été imposée, en partie ou en totalité, par d'autres êtres G ou par le hasard H; dans tous les cas, la raison complète de (α_0) ne serait pas dans E, mais aussi dans F, G ou H.

Ainsi E est, forcément, au moins une volonté libre, rationnelle, intelligente.

Remarque. — On peut résumer dans le tableau suivant les considérations précédentes de ce théorème :

(x_o) {
Reçu passivement de F (1)
Produit par le hasard absolu H (2)
Produit instinctivement ou par nature
Produit par la volonté éclairée de E (5)
} {
Nature formée par E lui-même (3).
Nature imposée en partie par H ou G (4).
}

Les hypothèses (3) ou (5) sont seules compatibles avec l'hypothèse que E a en lui la raison *complète* d'être de son état actuel (x_o).

II) L'état (x_o) est la résultante de la cause directe de (x_o) et de tous les états antérieurs de E, qui interviennent soit par les réminiscences, soit par les habitudes (ou commencements d'habitudes) que leur simple passage a marquées dans l'intelligence de E. C'est, du moins, ce que l'on constate dans les intelligences humaines : il semble bien que cette influence doive être vraie pour toute intelligence. Si donc, dans ces états antérieurs de E intervenait autre chose que E, c'est-à-dire F, G ou H étudiés précédemment, (x_o) dépendrait aussi par contre-coup de F, G ou H, ce qui est contre l'hypothèse. Donc, non seulement (x_o) mais tous les états antérieurs de E doivent avoir en E leurs complètes raisons d'être.

THÉORÈME III. — « *Il existe au moins un être E ayant jusqu'à présent en soi, c'est-à-dire dans sa volonté intelligente (théorème II), les complètes raisons d'être de tous ses états.* »

I) Soit (ε) un être réel, soit (ε_o) l'état de cet être au temps t_o. Ou bien (ε) est E ; alors l'énoncé du théorème est vérifié. Ou non. Si non, c'est dire que (ε) n'a pas en lui seul toutes les raisons (explications rationnelles, causes, motifs, mobiles, etc.) de son état présent (ε_o) ; donc, en vertu du principe de raison suffisante et de ses conséquences [V. th. *ex nihilo nihil*. p. 10] celles de ces raisons qui ne sont pas dans (ε) sont réparties dans une série S, d'autres êtres tels que E, F ou G du théorème II précédent, p. 54. Soit (a) (b) (c)... les êtres de cette série.

En tant que faisant impression sur (ε), (a) a un état déterminé. C'est cet état que nous désignons par (a_1). Explication analogue des notations (a_2) (a_3)... ; (b_1) (b_2) (b_3)... ; (c_1) (c_2) (c_3) et enfin E_i ; E_i c'est l'état du noumène-volonté-puissance E en tant que décrétant telle action sur (a), ou (b)... ou plusieurs de ces êtres à la fois ; ou encore E_i c'est l'être E en tant que perçu par (a) dans tel état et à tel moment.

Soit donc (a_1) l'état de (a) [état commencé au temps t_1] contenant la

part revenant à (a) des raison de (ε_o). Soit de même (b_1) l'état de (b) [état commencé au temps t'_1] contenant la part revenant à (b) des raisons de (ε_o). Soit de même (c_1) l'état de (c) [état commencé au temps t''_1] contenant la part revenant à (c) des raisons de (ε_o), etc...
D'après le théorème I toutes ces époques t_1 t'_1 t''_1... sont antérieures à t_o, t_o désignant le moment où a commencé l'état (ε_o) de (ε).

De plus (ε_o) a une part de ses raisons dans la substance de (ε), dans le noumène (ε), dans la volonté-puissance-être (ε) et une part seulement puisque (ε) n'est pas (E) ; de même (a_1) a une part de ses raisons dans le noumène (a), de même (b_1) dans (b),(c_1) dans (c), etc...; enfin E_1 a toutes ses raisons dans le noumène E. Pour rappeler cela, dans les figures ci-jointes, (ε_o) étant représenté par un point, nous entourerons ce point d'un petit cercle, ce petit cercle représentera le noumène (ε) ; de même pour (a_1) (b_1) (c_1)..., E_1.

II) Pour raisonner avec plus de clarté nous figurons graphiquement ces résultats. Supposons le cas général où S_1 renferme un nombre infini de termes $S_1 = (a_1) + (b_1) + (c_1) + ... + (i_1) + ...$ Aux différents termes de S_1 nous faisons correspondre les différents points en nombre infini de la surface d'un cercle Σ_1. Nous prenons un cercle parce que c'est une figure facile à tracer, mais la surface importe peu, on peut prendre des ellipses, des ovales, etc. Nous représentons par un trait (fig. 1) la relation entre (ε_o) et chacune de ses raisons explicatives (a_1) (b_1) (c_1). (ε_o) est comme suspendu par ces raisons-là au ballon Σ_1.

III) Ce que nous venons de dire et de représenter pour (ε_o), nous le répéterons pour chacun des termes de la série S_1. Soit (i_1) le terme général de cette série : (i_1) sera suspendu, comme l'était (ε_o), à un ballon de raisons $(\sigma_{i,2})$; parmi les raisons de (i_1) il peut y en avoir déjà contenues dans la série S_1, par exemple (a_1) (b_1) (c_1)... (h_1) si $(a_1)(b_1)...(h_1)$ sont plus anciens que (i_1) ; et d'autres raisons non contenues dans S_1 ; le ballon $(\sigma_{i,2})$ pourra donc être ou tout entier dans Σ_1, ou en partie dans Σ_1, ou tout entier hors de Σ_1. Mêmes conclusions pour les termes analogues à (i_1). Groupons ensemble tous ces ballons partiels et formons le ballon unique : $\Sigma_2 = (\sigma_{a,2}) + (\sigma_{b,2}) + (\sigma_{c,2}) + ... + (\sigma_{i,2}) + ...$ et représentons Σ_2 par un nouveau cercle. Σ_2 sera la représentation graphique de toutes les raisons de la série S_1. Ainsi (ε_o) sera suspendu à Σ_1, Σ_1 le sera à Σ_2. On raisonnera de même pour S_2 ou Σ_2 ; on le verra suspendu à S_3 ou Σ_3 et ainsi de suite (fig. 1).

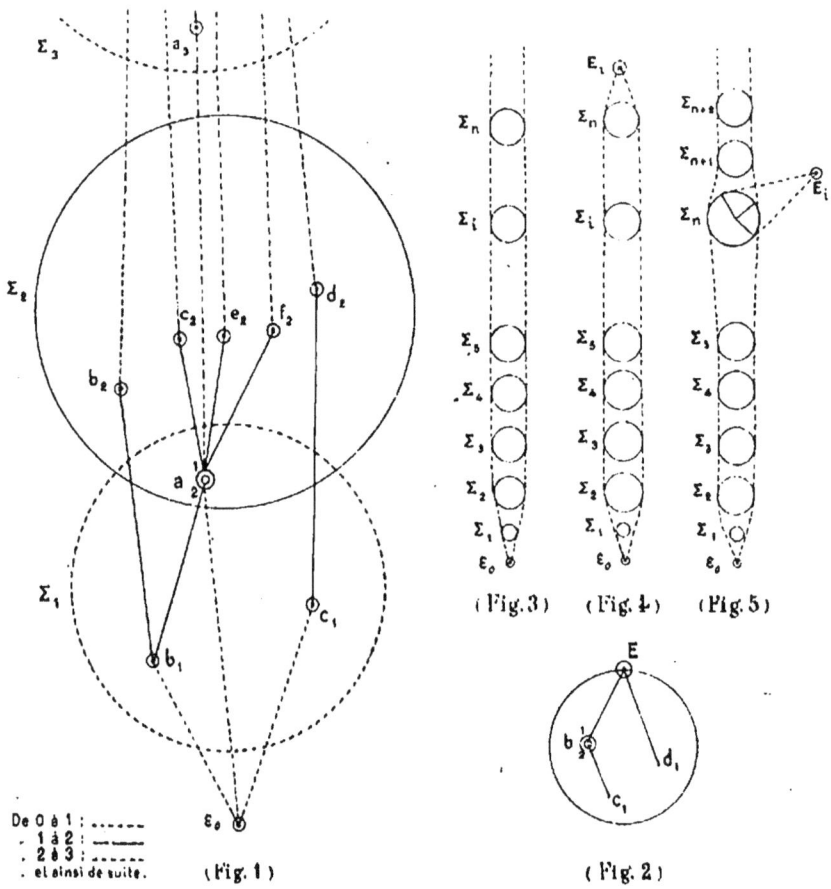

On voit que des points tels que (a_2^1) de la partie commune à Σ_1 et Σ_2 peuvent jouer double rôle : ce point est raison de (b_1) de là l'indice 2 de (a_2^1) et ce point en tant qu'appartenant à Σ_1 doit avoir l'indice 1 : de là cette notation à 2 indices (a_2^1) ; de pareils points sont figurés par un petit cercle entouré de son cercle nouménal. Les points de Σ_2 ont l'indice 2, de Σ_3 l'indice 3, etc...

IV) La propriété suivante est importante : « *Deux de ces cercles tels que Σ_1 et Σ_2 ne peuvent coïncider.* » — Ces cercles, comme nous venons de le voir, peuvent avoir une partie commune. Supposons, pour fixer ces idées que $(a_1) (b_1) (c_1)...$ soient rangés là par ordre d'ancienneté d'âge, (a_1) étant le plus ancien, puis (b_1) et ainsi de suite, certains termes à la suite pouvant être contemporains. Alors (b_1) peut avoir pour raison (a_1) (fig. 1), étant plus jeune que lui (théorème I) ; or (a_1) fait partie de Σ_1 par construction et il devra faire aussi partie de Σ_2 d'après le motif que nous venons de dire, c'est-à-dire comme raison d'être d'un point de Σ_1. Ces deux cercles dans ce cas se coupent. Mais je dis qu'ils ne peuvent coïncider, c'est-à-dire avoir tous leurs éléments communs. Ce serait dire en effet que $(a_1) (b_1) (c_1)...$ ont tous leurs raisons les unes dans les autres : or ceci est impossible. En effet, puisque par hypothèse (a_1) est le plus ancien de ces états, il ne peut pas, d'après le théorème I, avoir sa raison d'être dans des états plus jeunes que lui ou même contemporains de lui (il s'agit ici constamment d'une contemporanéité exacte, mathématique, à l'instant t) ; donc ce point là, (a_1), au moins de Σ_1 a sa raison d'être en dehors de Σ_1 et dans Σ_2 d'ailleurs ; soit $(c_2) (e_2) (f_2)$ les points répondant aux raisons de (a_1). Ces points $(c_2) (e_2) (f_2)$ appartiennent à Σ_2 et ne peuvent pas appartenir à Σ_1.

Il y a toutefois une exception ; c'est le cas singulier où (a_1) a en son cercle *nouménal* toutes ses raisons complètes ; alors $(c_2) (e_2) (f_2)$ n'existent pas et Σ_2 peut coïncider avec Σ_1. Ce cas suppose que l'être (a) est E puisque (a) a en lui toutes les raisons complètes de son état (a_1). C'est le cas de la *fig.* 2. De là ce théorème : « *Un groupe, S' d'êtres ne peut pas avoir en soi la complète raison d'être de l'état de l'un d'eux à moins de contenir E.* »

V) Cela posé, considérons la figure 3 (page 56) ; (e_0) a ses raisons d'être en (e) et en Σ_1. Σ_1 a sa raison complète d'être en lui et dans Σ_2, Σ_2 a sa raison complète d'être en lui et dans Σ_3, Σ_3 en lui et en Σ_4, etc. Σ_{n-1} en lui et en Σ_n, etc... Si E n'existe pas ces constructions de cercles devront se poursuivre *indéfiniment* (§ IV précédent). On n'aura donc jamais l'explication rationnelle intégrale de (ε_o). En d'autres termes, le principe de raison suffisante ne sera pas vrai, puisque (ε_o) aura ainsi été réalisé sans raison suffisante. Ce cas sera contraire au principe d'universelle intelligibilité. C'est le cas de la fig. 3.

Si E existe, de deux choses l'une, ou il contient les raisons d'être de tous les états de Σ_n ; alors on a une explication rationnelle de (ε_o) : c'est le cas de la fig. 4 ; — ou bien E ne contient qu'une partie de ces raisons (fig. 5). Mais alors l'autre partie de Σ_n a ses raisons dans Σ_{n+1} ou à la fois dans Σ_{n+1} et E (ces 3 parties sont figurées dans Σ_n) ; en tous cas Σ_{n+1} doit exister. Mais Σ_{n+1}, Σ_{n+2},... n'auraient pas d'explication rationnelle, de raison suffisante complète, donc (ε_o) non plus, à moins de rattacher aussi Σ_{n+1}, Σ_{n+2}... à un nouvel être E' jouissant des propriétés de E, c'est-à-dire ayant en lui-même la raison complète de tous ses états à lui E' et contenant ainsi les raisons de Σ_{n+p}.

Comme nous admettons le principe de raison suffisante, de l'intelligibilité du monde, et l'universalité dans le temps et dans l'espace entiers de la réalisation de ce principe. (V. *supra*, livre I, chap. v, p. 39), il nous faut nécessairement admettre l'existence de E et E', ou plus généralement de E, E', E", etc. *Le théorème est donc établi.*

Remarques. — I) Il serait possible, théoriquement, de simplifier la démonstration précédente, en réduisant chaque cercle Σ_1 Σ_2... à un point. On aura ainsi une suite linéaire bien plus facile à concevoir que les suites extrêmement multiples que nous avons envisagées. Mais ce cas simplifié ne répond pas à la réalité des choses. Dans la réalité S_1 comprend déjà à peu près le monde entier ; nous l'avons vu à propos du sculpteur et de sa statue (p. 5, livre I, chap. I). Car tout ce que j'ai vu, jusqu'aux étoiles et aux nébuleuses, tout ce que j'ai entendu, senti, goûté, perçu, souffert, aimé, haï, etc., tout cela intervient comme motifs ou comme mobiles (directement ou par l'intermédiaire de la mémoire et des habitudes) de mes actions, comme raisons d'être de mon état actuel (ε_o). S_2 sera le monde quelque temps auparavant, S_3 le monde encore quelque peu auparavant et ainsi de suite.

Toutefois la simplification indiquée pourra être admise comme une première approximation, en ne considérant que les causes ou raisons capitales et en faisant abstraction dans ce premier calcul des causes ou raisons dont l'influence n'est que secondaire, comme l'on fait en physique, surtout dans les procédés d'investigation. On pourra alors se borner à prendre pour raison de $(\varepsilon_0)(a_1)$; pour raison de (a_1), (b_2); de (b_2), (c_3), etc... Tout ce qui a été démontré précédemment s'applique à ce cas simplifié; on montre (comme pour IV), que cette suite ne peut être un *cycle fermé* que si ce cycle renferme E.

II) L'universalité dans le temps et dans l'espace entiers du principe de raison suffisante a été établie au livre I. La nier ou en douter, folie ou abdication de *toute* science. « En dehors de la certitude absolue, il n'y a rien de plus sûr que cette universalité. » (p. 39). Donc : « *En dehors de la certitude absolue, il n'y a rien de plus sûr que l'existence d'un être tel que E.* »

Théorème IV. — « *Il n'existe qu'un être tel que E.* » — En effet, supposons qu'il y en ait deux, E et E'. Par lui-même ou par l'intermédiaire de ses œuvres ou actes, E' limiterait la volonté de E. Dans ses volitions E serait *obligé* de tenir compte de l'existence de E', *existence indépendante de sa volonté à lui E*. E n'aurait pas en lui seul la complète raison d'être de ses états, puisque l'existence de E' lui est imposée et influe sur ces états, malgré lui. Si E existe, E' ne peut pas exister.

On pourrait être tenté de tourner cette conclusion en disant : E, E' peuvent exister à la fois, à condition que leurs natures soient telles qu'ils ne peuvent ni s'influencer, ni même se connaître jamais : alors il n'y aurait plus incompatibilité. Mais ceci suppose que E ne peut *pas même soupçonner* l'existence de E' ou est *obligé de croire* que l'existence de E' relève de sa volonté à lui seul E, ce qui est faux. Or ces deux suppositions sont impossibles. Si E est obligé, par nature, de ne pas soupçonner l'existence de E' ou de le croire dépendant absolument de sa volonté à lui E, c'est que E ou bien n'a pas formé sa nature lui-même ou qu'il l'a formée en partie *inconsciemment;* dans les deux cas on revient à II, G ou F[1] influant sur les états de E; ce qui est contraire à l'hypothèse. Il faut que E' n'existe pas.

Remarque. — Dans cette démonstration, on ne s'est pas servi de ce que E' a en lui la raison complète de ses états, mais seulement de

[1] V. Théorème II, p. 54.

ce que E′ a une existence indépendante de la volonté de E. On peut donc généraliser le théorème et énoncer la proposition suivante :

Corollaire. — « *Pour que E existe, il faut que le monde ne renferme tout au plus que des créatures de E.* »

En effet, soit ε cette créature. E crée ε. Comme c'est là un de ses actes librement voulus, c'est E qui s'impose à lui-même une nouvelle manière d'être : au lieu d'être seul, il s'impose désormais la loi de vivre avec ε en face ou au-dessous de lui. Si E permet à ε de réagir sur lui, ces réactions sont prévues par E (du moins dans leur essence, sinon dans leur ordre que E *veut* laisser à la liberté de ε, si ε est créé libre) et voulues et acceptées comme conséquences de la loi décrétée volontairement et librement par E. Et d'ailleurs E pourra, s'il le veut, rapporter son décret, car ce qu'il a créé, il peut l'anéantir, en cessant de le vouloir, de le soutenir dans l'être. E serait toute-puissance que cette toute-puissance ne serait en rien infirmée par cette création et ses conséquences. Après, comme avant ses créations, E a en lui et en lui seul la complète raison d'être de son état actuel.

Conclusions. — « *Ainsi il existe un être tel que E et tous les autres êtres sont des créatures de E. En d'autres termes, le monde a été créé et E, son créateur, existe.* » — Dès lors on doit donner à E le titre de Dieu, puisque tous les autres êtres en sont les créatures.

L'univers est donc de la forme $U = [E, \varepsilon, \varepsilon', \varepsilon''...] = [E, \Sigma\varepsilon]$, ε désignant une créature de E.

III. — Remarques.

Tous les théorèmes précédents et leurs conclusions subsistent, que le monde soit supposé d'abord éternel ou ne le soit pas supposé. Kant, partant d'un énoncé inexact du principe de causalité, a élevé des objections contre la preuve cosmologique. La vraie formule du principe de causalité est : « *Tout fait qui commence a une cause ; ce qui ne commence pas n'a pas besoin de cause.* » Nous élèverons aussi des objections contre la preuve cosmologique telle qu'elle est exposée dans certains traités. Nous avons évité, par notre genre d'exposition, et la supposition qu'on admet comme évidente que le *monde est contingent* (ce qui est loin d'être évident) et l'ἀνάγκη στῆναι, qui, avec la causalité pure, est une simple *pétition de principe*, le monde pouvant être de toute éternité, c'est-à-dire pouvant se passer de cause. Au contraire la complète raison d'être de son état actuel ou de l'état actuel de telle de ses parties ne peut pas ne pas exister : *tout a sa raison suffisante pourquoi il est ainsi plutôt qu'autrement, tandis que tout n'a pas sa cause pourquoi il est, les êtres éternels n'ayant pas de causes.* Enfin nous n'avons pas eu à appliquer nos principes aux substances, mais aux phénomènes : Clarke en appliquant aux substances le principe de causalité, applique aux substances ce qui n'est applicable qu'aux phénomènes. Il nous semble donc que les difficultés principales qui embarrassaient la preuve cosmologique ont été tournées par la démonstration que nous donnons : sauf, peut-être, des doutes sur la valeur de la raison tout entière, y compris la science la plus sérieuse, ses résultats, ses prévisions, ses concordances (V. livre I); mais ces doutes coupent ailes, bras et jambes à toute pensée; c'est la faillite du bon sens, l'anéantissement dans le scepticisme absolu et dans l'hébétude incurable.

CHAPITRE II

CONSÉQUENCES

I. — Conséquences immédiates.

De la conclusion du chapitre précédent et des théorèmes qui y ont été établis, nous pouvons déduire tout de suite un certain nombre de résultats importants, quitte à les compléter ultérieurement.

I. — *Panthéisme.* — D'après le panthéisme le plus commun, Dieu serait l'être universel dont tous les autres êtres sont des modes : Dieu, dans ce système, n'a ni conscience, ni volonté, étant seulement la substance universelle. Ce panthéisme est réfuté, puisque nous venons d'établir l'existence d'un Dieu créateur conscience, volonté intelligente, libre (théorème II surtout).

II. — *Dualisme.* — Si dans le dualisme on suppose une matière incréée, on a là encore un système inexact ; car nous venons de démontrer que tout est créature sauf le Dieu créateur (théorème IV et corollaire).

III. — *Un mot sur les attributs de Dieu.* — Nous avons démontré (théorème II) que E est une volonté libre, intelligente, rationnelle. Ayant créé le monde, cette volonté y est toute-puissante. C'est ce qu'on peut voir encore en remarquant que la nature de E, ayant été formée par E lui-même (th. II), E doit avoir la plénitude de l'être ; car le propre de tout être étant de persévérer dans l'être et de tendre à un état de bonheur et de plénitude de l'être, comme rien dans le monde ne peut s'opposer à la volonté de E (th. II), E a le maximum de puissance qu'il est possible d'imaginer : il a la toute-puissance. La toute-puissance raisonnable est la clé de la plénitude de l'être et du bonheur parfait. S'il y a une demi-éclipse momentanée de sa plénitude, ce ne peut être que par sa volonté rationnelle (th. II), c'est-à-dire dans un but supérieur, assurée par ce détour d'atteindre un degré encore plus grand que par la voie directe ; cette demi-éclipse, due à la volonté réfléchie de E, n'enlève rien à sa toute-puissance ; c'est dire que, quand sa volonté raisonnable l'aura jugé bon, E fera, s'il y a lieu, cesser cette demi-éclipse. Σ_e ne peuvent en rien s'y opposer, étant à la volonté de E : E cessant de les vouloir, toutes ces créatures, Σε, disparaîtraient.

Puisque E est une volonté rationnelle, pesant toutes les conséquences de ses volitions (nous l'avons vu, th. II, sinon ces volitions n'auraient pas en elle toutes leurs raisons d'être), c'est dire que E est un être raisonnable au plus haut point.

Il est donc soumis toujours et partout à sa propre Raison, qu'il a engendrée. Il est donc sage, juste, bon, législateur et juge suprême (attributs moraux). — Il est unique (théorème IV); un ou simple comme tout esprit (volonté) ; créateur. Il est immortel, puisqu'il est tout-puissant. Éternel, car il n'a pu recevoir l'existence de personne autre, sinon il n'aurait pas en lui la raison d'être complète de ses états et le théorème III serait en défaut, ce qui ne se peut. Donc E a toujours été. Si l'on trouve à cela des difficultés, il faut se dire que : 1° vivant dans le temps, sans savoir au juste ce que c'est que le temps, nous ne pouvons pas juger à la légère ni en parfaite connaissance de cause la question de l'éternité ; 2° que notre esprit n'est pas, ne peut pas être, si ouvert qu'il soit, la mesure des êtres qui nous sont supérieurs et des qualités inconnues de ces êtres; 3° que les systèmes offrent *tous* la même difficulté : le panthéisme suppose aussi quelque chose qui a toujours été; le dualisme suppose la matière éternelle (atomes d'Épicure, etc.); l'athéisme, le matérialisme font de même. Ces systèmes n'ont donc aucun droit de nous objecter la difficulté d'admettre un Dieu éternel.

II. — Vérifications.

La preuve donnée dans le chapitre précédent relativement à l'existence de Dieu est une *démonstration*, un *théorème* liant cette conclusion à la valeur de la science entière et de la raison humaine. Pour la rotation de la terre, par exemple, on n'a pas de théorème. L'existence de Dieu est donc plus certaine que celle de la rotation de la terre. Pour prouver que la terre tourne on procède ainsi. On imagine une expérience, par exemple le pendule de Foucault : si la terre est animée d'un mouvement de rotation, les détails de l'expérience seront tels et tels ; le calcul, la mécanique rationnelle permettront de mesurer d'avance ces détails; l'expérience confirme cette prévision par des mesures à posteriori. Mais un esprit inquiet peut toujours bâtir un ensemble de causes telles que ces causes réunies X produiront exactement l'effet constaté. Et même il y aura, en général, une infinité d'ensembles X. De telle sorte que l'esprit se décide, en réalité, par le *principe d'économie*.

Quoique la preuve de l'existence de Dieu soit d'un ordre de certitude bien supérieure à celle de la rotation terrestre, puisque la preuve de l'existence de Dieu est le résultat d'un théorème, ce qui n'est pas le cas de la preuve de la rotation de la terre, nous pouvons néanmoins, pour compléter d'une nouvelle manière notre démonstration, procéder à quelques *vérifications*, tout à fait analogues, au point de vue de la logique, à celles qui conduisent l'esprit à accepter l'hypothèse de la rotation terrestre. Voici quelques-unes de ces vérifications.

I) *Harmonie entre la pensée et le monde ou intelligibilité du monde.* — Nous avons établi dans le livre I cette harmonie ou intelligibilité. Il y a harmonie entre le monde et la raison humaine. Or cette harmonie ne peut être due au hasard, le hasard n'est rien ou est une cause réelle (v. chap. i, livre II, § 1). A et B faits séparément ou n'ayant jamais eu de liaisons quelconques il y a néanmoins accord entre leurs propriétés : voilà un fait peu probable à priori ; il y a une infinité de chances contre une pour qu'il n'en soit pas ainsi. Les empiristes diront que c'est le monde qui a éduqué l'esprit peu à peu, en y imprimant ses lois et ses tendances ; nous avons vu que c'est tout le contraire : les impressions de la nature sur l'esprit sont contradictoires, irrationnelles, et c'est par un effort prolongé que l'esprit, prévoyant les lois, finit par les trouver dans le sein caché des choses.

Si Dieu existe, comme il a créé les esprits et la nature, il est évident que cette harmonie s'explique d'elle-même. — Si Dieu n'existait pas, on pourrait peut-être bien imaginer quelque ensemble de causes, X, finissant par créer l'harmonie constatée, comme on peut expliquer sans rotation terrestre le pendule de Foucault à l'aide de quelque agent supplémentaire (courants magnétiques, courants d'éther ou courants de l'atmosphère dus à la rotation de la sphère céleste ou aux courants magnétiques, etc.), mais au prix d'une complication extrême. D'ailleurs ces causes, X, devront, semble-t-il, être intelligentes pour régir les esprits, très puissantes pour régir le monde entier, préexistantes au monde et aux esprits, car depuis l'origine des choses les esprits comprennent la nature, découvrent les lois ; nous avons vu que nous vérifions actuellement l'intelligibilité de faits qui se sont passés il y a peut-être 300 siècles (étoiles multiples, nébuleuses, etc.). Ces causes X semblent donc supramondaines et bien proches d'un Dieu créateur. On *vérifie* ainsi, par un procédé nouveau, la conclusion des théorèmes du chapitre 1er; mais ce n'est là qu'une vérification ; et, sans les théorèmes antérieurs, elle ne donnerait qu'une probabilité faible encore.

II) *Vérités éternelles (Bossuet, Fénelon, Malebranche, etc.). Loi morale (Kant, etc.).* — Ce n'est ici qu'un cas particulier de l'harmonie des esprits humains dans l'intellection du monde caché. On considère surtout l'harmonie qui existe entre tous les mathématiciens, par exemple, sur les vérités mathématiques ; plus généralement, l'accord de tous les hommes sur les principes généraux de la raison et de la science, c'est-à-dire sur la logique, la morale théorique, etc. Ces vérités sont indépendantes des cerveaux des différents hommes, de l'endroit du monde où elles sont pensées, etc. A Paris, comme à New-York, comme en Australie ou en Chine, la vérité est unique. La loi logique en logique et la loi morale en morale sont des lois qui obligent.

Si Dieu existe, comme il a créé les esprits et les corps, il est évident que cette loi et son caractère obligatoire s'expliquent par là même. — Si Dieu n'existait pas, on pourrait encore sans doute bâtir un ensemble X de causes explicatives, mais l'explication serait ou incomplète ou plus coûteuse, moins simple. Ces causes X, d'ailleurs, semblent devoir être très puissantes, plus puissantes que l'ensemble de tous les êtres réunis, puisqu'elles les régentent ; antérieures à l'existence de tout esprit, car dès son apparition l'esprit obéit à la raison, à la logique, au devoir, au remords, c'est-à-dire à la responsabilité et à la loi morale. X est donc supramondain et bien proche d'un Dieu créateur.

Là encore c'est une simple vérification, car, le champ indéfini des combinaisons s'ouvrant devant l'adversaire pour y forger X, on ne peut pas, à priori, être sûr qu'il ne *finira* pas par former une explication spécieuse, qu'on ne pourra réduire! Notre ignorance lui vient en aide : ne peut-il pas affirmer que ces lois sont des résultats de notre organisme, par suite un résultat de la combinaison des atomes d'Épicure, etc. ? Ces preuves isolées sont donc d'une solidité sujette à caution ; c'est-à-dire que pour les consolider il faudrait examiner *toutes les objections possibles* de l'adversaire, réduire ces objections à une contradiction ou à une affirmation contraire à tel fait d'expérience ; et ce sujet semble si vaste qu'il exigerait pour le traiter une science plus qu'humaine.

III) *Détermination actuelle des choses.* — S'il y a un créateur, on comprend que sa volonté ait déterminé un ordre de déroulement des événements dans le temps, une sorte de hiérarchie dans le temps de tous les possibles « également prétendant à l'existence » (Leibniz).

— S'il n'y a pas de créateur, de volonté suprême capable de régir tous les événements, cette détermination des choses dans le temps est bien difficile à expliquer. A défaut d'un créateur, disent certains philosophes, il suffit d'une *loi* qui, par son action continue, même très lente s'il est nécessaire, arrive peu à peu à régulariser le débit tumultueux des possibles prétendant tous à l'existence et à sérier les événements dans le temps. Mais cette loi suppose deux choses : que la Raison ait déjà établi son empire, c'est-à-dire que le principe de contradiction existe déjà comme loi inviolable des choses et que le principe de raison suffisante règne également ; car là où les choses peuvent arriver sans raison, il ne peut y avoir de loi. Or supposer cela c'est supposer que le monde entier des possibles a déjà été soumis aux lois de la Raison et régenté par elles. Cette mainmise de la Raison sur l'univers ne semble guère pouvoir s'expliquer sans une volonté pouvant régenter cet univers. Cette volonté, supérieure à toutes les volontés et forces réunies du monde, ne peut être que extrêmement puissante et antérieure d'ailleurs à l'organisation de cet univers. On arrive encore ainsi à un être supramondain, existant avant le monde actuel, très puissant et qui ne semble guère pouvoir se distinguer d'un Dieu créateur.

A un autre point de vue, on peut appliquer à cet exemple la démonstration du théorème III (livre II, chap. 1ᵉʳ). Soit S_0 l'état actuel du monde ; la raison de cet état actuel S_0 est dans l'état un peu antérieur S_1 de ce monde ; de même S_1 a sa raison d'être dans S_2, état du monde un peu antérieur à S_1... et ainsi de suite. D'après le théorème III cité il faudra enfin que cette série ait sa raison complète d'être dans E.

La preuve ordinaire par le mouvement revient en partie à ce qui précède, quand on raisonne sur la *détermination actuelle du mouvement* dans l'univers. Mais si l'on raisonne seulement sur l'*existence du mouvement*, la preuve ainsi présentée n'est pas suffisante, semble-t-il.

Car, parmi les êtres du monde, peut-on dire, les uns ont en eux la cause de leurs mouvements, ce sont les êtres dits animés ; les autres (matière) l'ont en ceux-là ; on ne peut conclure de là qu'une chose, c'est qu'il y a et qu'il y a eu dans le monde des *êtres animés*. On peut objecter que ces êtres animés ne peuvent pas être véritablement la cause de leurs mouvements et qu'il faut remonter plus haut, à un créateur, pour trouver cette vraie cause : mais la question sous cette nouvelle forme devient singulièrement difficile et exigerait de la part de ceux qui la discutent la connaissance adéquate et intégrale des êtres animés sur lesquels porte le débat ; l'esprit humain ne peut avoir la prétention d'atteindre si loin.

A notre point de vue du chapitre I, la preuve du mouvement, en tant que fait déterminé actuel, peut se traiter par la méthode du théorème III (chap. I, livre II). Soit (e_o) l'état de mouvement de l'atome (e) ; la raison de cet état étant S_1, S_1 renferme principalement ce que dans la pratique on appelle la cause du mouvement de (e) ; S_1 a sa raison d'être dans S_2, S_2 dans S_3, etc. ; il faudra enfin que cette série ait sa raison complète dans E.

IV) *Sentiments* (vrai, beau, bien ; justice, recours contre cette vie). — Aux deux extrémités de l'échelle humaine, l'esprit rencontre Dieu : dans l'affliction et l'épreuve d'une part ; d'autre part, dans l'extase, devant la beauté de la science ou de la nature, ou dans la reconnaissance des bienfaits que l'âme a reçus sans les avoir réellement mérités.

La science la plus ardue offre à ses fervents des heures magnifiques où l'esprit, entrant pleinement en contact enfin avec des vérités certaines, peut concevoir par là les joies que doit procurer la Science absolue, la contemplation du Vrai éternel. Quel est le savant qui n'ait éprouvé, ne fût-ce qu'un instant, cette ivresse de l'éternelle Lumière? Quel est l'artiste, digne de ce nom, dont l'oreille n'ait entendu, en une heure d'extase, une harmonie supraterrestre, dont l'œil n'ait entrevu la vision fugitive de magiques splendeurs, ou de figures idéales? « O mon cher Socrate, ce qui peut donner du prix à cette vie, c'est le spectacle de la beauté éternelle… Je le demande, quelle ne serait pas la destinée d'un mortel à qui il serait donné de contempler le beau sans mélange, dans sa pureté et simplicité, non plus revêtu de chair et de couleur humaine et de tous ces vains agréments destinés à périr, à qui il serait donné de voir face à face, sous sa forme unique, la beauté divine. » (Platon.) Arrivé à ces hauteurs de l'idéal, le côté supérieur de notre nature, l'esprit humain ne doute plus de Dieu ; les brumes se sont dissipées ou plutôt traînent bien au-dessous du sommet où l'esprit vient de s'envoler ; et sur ce sommet découvert l'âme s'épanouit sous la chaude influence de Dieu comme la fleur sous les rayons du clair soleil ; se reconnaissant aussi elle-même et se voyant si indigne de paraître ainsi aux regards de son créateur, elle comprend la bonté infinie et la profondeur des bienfaits dont elle a été comblée sans qu'elle les ait mérités réellement.

Voilà pour les jours heureux ! A l'autre extrémité de la destinée humaine Dieu se rencontre aussi, quoique voilé cette fois. — L'enfant bien portant, le jeune homme emporté par l'ardeur de son sang et de ses passions ne pensent guère aux choses invisibles et suprasensibles. Mais celui qui a souffert, celui à qui la maladie a donné le douloureux loisir de la réflexion, celui qui a été déçu, celui surtout qui a vu la mort arracher de ses bras l'objet de son affection, l'homme mûr inquiet de l'avenir de ses enfants, le vieillard affaibli assis devant sa tombe déjà creusée, ceux-là, amenés à penser et à craindre, lèvent les yeux vers le ciel. Ils réfléchissent, ils méditent ; leurs idées, quoique confuses, se dégagent enfin. Si les merveilles de la nature les ont parfois portés à penser que tout a été fait par une intelligence suprême, néanmoins aux jours de maladie ou de deuil ils ont douté de la beauté de ce monde, ils en ont eu le désenchantement et la déception. Pendant des jours et des mois ils ont douté de tout, se croyant naufragés du hasard sur une planète abandonnée. Puis un jour ils se sont repris. Ils n'ont pu se résoudre à se croire les seuls êtres *bons* dans l'univers et à regarder leur cœur comme le seul sanctuaire où résidassent la bonté et la pitié. L'homme « cherche donc à entrevoir, au delà des rigueurs du monde visible, la souveraine bonté unie à la souveraine puissance, et c'est là qu'il met son espoir ou plutôt son *recours* contre la dureté de la nature et contre les froissements de la vie... Un poète ancien a dit que la crainte avait enfanté les dieux ; soit ; si pourtant c'est le culte de la peur qui a élevé les premiers autels, c'est le culte de la bonté qui les conserve » (Prévost-Paradol). Il y a disproportion entre la puissance de l'âme, ses merveilleuses pensées, ses vues sublimes et la destinée que nous présente la nature dans les bornes de la vie actuelle. Le perfectionnement de l'homme, ses efforts, ses vertus, exigent son immortalité, et non pas une immortalité livrée aux hasards des forces naturelles, mais une immortalité où chacun reçoive la *récompense exacte* de ses progrès. La *justice* manque de sanction s'il n'en est pas ainsi. Tout en l'âme se lève donc pour crier : « Ne crains plus, espère : il y a un Dieu, juste et bon, qui prend et qui prendra toujours soin de ton âme immortelle. »

Si Dieu existe, toutes ces aspirations, toutes ces croyances, toutes ces affirmations s'expliquent. Si Dieu n'existait pas, ces croyances, ces affirmations de l'âme révoltée contre l'injustice, tout cela serait inexplicable ; c'est la raison qui affirme que le monde et elle sont en harmonie et ne se contredisent pas. Si Dieu n'existait pas la raison serait en contradiction avec la réalité ; la foi de la raison en elle-même conduit à la foi en Dieu.

Conséquence. — Toutes ces preuves réunies, et *la dernière surtout* (IV) *beaucoup plus accessible à la majorité des âmes*, expliquent que la religion est un fait social. Ce n'est pas une objection de dire qu'il y a des hommes auxquels manque le sens religieux, car il y en a aussi auxquels manque le sentiment moral. Est-ce une objection contre la morale ? Ces hommes n'ont jamais réfléchi, ni souffert, ou bien ils se sont abrutis pour ne pas réfléchir et se jettent tête baissée dans la mort sans vouloir penser à autre chose qu'à la vie matérielle. Ce ne serait pas davantage une objection de découvrir une peuplade sauvage sans religion : car de ce qu'un peuple ou un individu ne s'est pas élevé encore jusqu'à une des facultés de l'homme (la faculté *esthétique* ou *scientifique*, par exemple) il ne s'ensuit pas qu'elle ne soit pas essentielle à la nature humaine. De ce que tel peuple conçoit la nature de Dieu et la religion différemment de tel autre peuple, on ne peut rien conclure : les deux peuples affirment que Dieu *existe* et c'est tout ce qu'il y a à retenir ; quant à la nature, aux détails, cela varie avec l'*imagination* de chaque nation ou tribu et, pour le moment du moins, cela importe peu à l'affirmation générale d'un Dieu. D'ailleurs parmi les dieux païens il y en a toujours un qui est censé supérieur à tous les autres et par suite maître du monde. Si ce n'est pas E, c'est l'image qu'en a pu concevoir l'intelligence encore enfantine des premiers peuples ou des tribus sauvages. Le sentiment religieux, enveloppant l'affirmation de Dieu, est donc un fait social indiscutable ; et c'est encore un fait individuel que chacun éprouve à quelque degré, soit par le sentiment de l'infini, soit par celui de l'ordre universel, soit enfin et surtout par le besoin de la consolation et de l'espérance.

III. — Remarques.

Nous ne citons que les principales vérifications. Les autres preuves classiques sont sujettes à des *objections* graves, difficiles à réfuter, toujours renaissantes. C'est pourquoi nous n'en parlons pas. — A la preuve par les causes finales (ou téléologique) ne peut-on objecter les malheurs immérités, les maladies, les cataclysmes, les injustices, la mort (qui semble définitive à priori), etc...? Dieu démontré, ces objections pourront être expliquées, mais non dans l'ordre inverse : la théorie de la Providence ne peut se comprendre que si l'existence de Dieu n'est plus en doute. — Une fatalité aveugle qui aurait produit des êtres intelligents, on dit que c'est impossible. A priori qu'en savons-nous ? Ne semblait-il pas impossible aux anciens qu'un homme pût s'élever en l'air jusqu'aux limites de l'atmosphère : et cela s'est fait. D'ailleurs avec des monades existant de toute éternité, l'objection tombe. — Par l'idée de l'infini? On prend, objecte-t-on, l'idée de plus et de moins, de mieux et de pire, dans l'expérience journalière, en se sentant mieux dans telle situation que dans telle autre, meilleure santé, fruits plus savoureux, fleur plus parfumée, etc. ; puis on généralise, comme on dit en mathématiques, c'est-à-dire qu'on imagine que l'on fasse croître de plus en plus ce degré de mieux qu'on vient de constater ; on peut ainsi construire l'idée d'une chose parfaite, puis l'idée d'un être parfait, infini. Cela n'exige, pense-t-on, que la faculté d'abstraction et celle de généralisation. — L'idée de loi, dit-on, implique un législateur (morale, logique)? Qu'en savons-nous, objecte-t-on? Si au lieu d'appeler cela une loi vous l'appeliez une nécessité de notre organisme, le besoin d'un législateur ne serait plus aussi grand ; on voit que c'est le mot loi qui entraîne l'esprit à chercher le législateur, c'est une sorte de jeu de mots et de sophisme. — Enfin l'argument ontologique et ses analogues, nous dira-t-on, sont des cercles vicieux.

Que ces objections soient ou non irréfutables, il est certain que ce n'est pas en quelques lignes, comme on le fait parfois, qu'on peut les réduire sérieusement à néant. C'est pourquoi, notre sujet étant d'ailleurs suffisamment prouvé, nous n'entrerons pas dans cette discussion extrêmement touffue, pleine de pièges et où l'esprit humain ne peut guère s'empêcher de pécher contre la logique.

TABLE DES MATIÈRES

	Pages
Introduction	1

Livre I. — Le principe de raison suffisante 3

   CHAPITRE I. — *Définitions* 3
      I. Cause efficiente, occasionnelle, finale. — II. Raisons, définition de ce mot. — III. Comprendre.

   CHAPITRE II. — *Principes* 9
      I. Les deux principes fondamentaux. — II. Principe de causalité. — III. Principe de substance. — IV. Principe des lois.

   CHAPITRE III. — *Ces principes sont l'ossature de la pensée* 15
      I. Universalité psychologique de ces principes. — II. Rôle de ces principes dans la pensée en général. — III. Leur rôle dans les sciences. — IV. Certitude des principes de la raison.

   CHAPITRE IV. — *Relativisme subjectif, sa réfutation* 22
      I. Exposé du système. — II. Les catégories de Kant. — III. Théorèmes. — IV. Monde nouménal.

   CHAPITRE V. — *Autres objections* 33
      I. Objections. — II. Réponses : première et deuxième réponses.

   CHAPITRE VI. — *Origine des principes rationnels* 40
      I. Comment se dégagent ces principes. — II. Réfutation de l'innéité, de l'empirisme, de l'associationnisme, de l'évolutionnisme.

Note. — *Objections complémentaires contre le principe de raison* 49

Livre II. — L'argument cosmologique 51

   CHAPITRE I. — *Démonstration de l'argument* 51
      I. Le hasard et le principe de raison suffisante. — II. Théorèmes (I, II, III, IV et corollaire). — III. Remarques.

   CHAPITRE II. — *Conséquences* 62
      I. Conséquences immédiates (panthéisme, dualisme, attributs). — II. Vérifications (harmonie entre la pensée et le monde, vérités éternelles, détermination actuelle des choses, sentiments). — III. Remarques sur les objections aux autres preuves.

Planche de figures géométriques 56

Grenoble, imp. ALLIER FRÈRES.

www.ingramcontent.com/pod-product-compliance
Lightning Source LLC
LaVergne TN
LVHW050623090426
835512LV00008B/1642